Los heraldos negros

Antología

César Vallejo

Los heraldos negros

Antología

Grupo Editorial Tomo, S. A. de C. V.
Nicolás San Juan 1043
03100 México, D. F.

1.ª edición, agosto 2002.
2.ª edición, septiembre 2018.

Introducción y notas: Luis Rutiaga

Nicolás San Juan 1043, Col. Del Valle
03100, Ciudad de México.
Tels. 5575-6615, 5575-8701 y 5575-0186
Fax. 5575-6695
www.grupotomo.com.mx
ISBN: 970-666-563-3
Miembro de la Cámara Nacional
de la Industria Editorial N.° 2961

Diseño de portada: Trilce Romero
Supervisor de producción: Leonardo Figueroa

Impreso en México - *Printed in Mexico*

El poeta

Aunque es cierto que la vida de un autor no basta para explicar su obra, no tendríamos seguramente César Vallejo si no hubiese nacido en Santiago de Chuco, un pueblo que entonces tenía cerca de dos mil habitantes y que está enclavado en la cordillera andina del Departamento de La Libertad, en Perú. Y tal vez lo único que deberíamos recordar de aquel 16 de marzo de 1892 en que él nació es que fue *"un día que Dios estuvo enfermo"*.

Su pueblo natal tiene hoy más de tres mil habitantes, y la calle donde estuvo su casa dejó de llamarse Colón y se llama César Vallejo. César Abraham fue el "shulka", el menor de doce hermanos, y su familia, dicen, quiso que fuera sacerdote. Aunque el menor de los Vallejo se dedicó a otra cosa, cierto aire como de calvario y rezo se le pegó a su vida.

Los dos libros de poemas que publicó en vida fueron escritos mientras vivió en el Perú. De la obra póstuma podemos suponer que nació en el exilio. En el último exilio, porque de exilios sobre todo se tejió toda su historia. El primero en 1905, cuando se exilió al mismo tiempo de la infancia y de su pueblo para irse a Huamachuco a cursar la secundaria. No se fue muy lejos, es cierto, pero ya era irse. Luego a Trujillo, donde obtiene el título de Bachiller otorgado por la Facultad de Letras en 1913 con la tesis *El romanticismo en la poesía castellana*.Y de Trujillo a Lima, a fines de 1917, embarcado sin más equipaje que un block con algunos poemas y un reloj, regalo de un amigo.

Ahora bien, si de tanto irse está llena su poesía, no menos llena está de lo que llevó a cuestas, sobre todo —y como más sólido soporte—, de lo que quedó allá, congelado e inmóvil en Santiago de Chuco. La madre como una enorme, gigantesca figura que parece siempre recordarse desde abajo, desde ojos de niño; los hermanos que parecen ser el territorio de la felicidad, los que jugaban con él a esconderse, a correr barquitos en las canaletas, los que comían de su mismo pan. Algunos vecinos. El padre, un algo distante en la memoria. Eso es lo que en él está quieto.

Pero también hay lo que se mueve, y de lo que se mueve, obviamente se alimenta también. Y se mueve la vida cultural en Trujillo primero, en Lima después. Toda América Latina se sacudía aún con la fiebre modernista, y los simbolistas, ultraístas, dadaístas, cubistas y demás "istas" que contagiaban la creación poética de la región. Vicente Huidobro, en Chile, proponía el creacionismo. En Perú algunas revistas y diarios comienzan a publicar los versos de un joven maestro de escuela llamado César Vallejo.

En 1918 murió su madre en Santiago de Chuco. Sin embargo, no dejaría nunca de ser la presencia más permanente en su poesía.

Los heraldos negros (Editorial de Souza Ferreira, Lima, 1918), su primer libro de poemas, se edita ese mismo año pero no sale a la calle hasta mediados del año siguiente. Vallejo había conocido ya por entonces al poeta Abraham Valdelomar y le había pedido que prologara *Los heraldos*. Sin embargo aunque Valdelomar aceptó, otros compromisos le impidieron hacerlo y la obra se publicó sin prólogo iniciando en su lugar, una frase de los evangelios que parece una disculpa, o una ironía perversa: *qui potet capare, capiat* (el que pueda entender, entienda). Vallejo envía dos ejemplares dedicados: uno a su padre, otro a sus amigos de Trujillo.

Cuando en 1920 visita su pueblo sucede algo que tendrá una importancia fundamental en su vida. Santiago de Chuco dedicaba varios días a las festividades en honor de Santiago, su apóstol protector. Ese año, la celebración comenzaría el 23 de julio y se cerrarían las festividades el 2 de agosto. El domingo 1° se inició con una procesión y se cerró con sangre. Varias personas protagonizaron desórdenes, y una importante tienda de la ciudad fue incendiada. Por razones inexplicables, Vallejo se ve acusado de participar en el atentado y se inicia una acción penal en su contra. En noviembre es detenido en la Cárcel de Trujillo, en donde pasará 112 días de prisión hasta que lo liberen bajo el régimen de libertad provisional.

Años más tarde se referirá a este hecho como el más traumático de su vida. En la cárcel escribió varios de los poemas que aparecerán editados en 1922, en *Trilce* (Talleres tipográficos de la Penitenciaría, Lima, 1922), un libro desconcertante desde el mismísimo título. Sobre la historia de ese nombre hay varias versiones, pero ninguna comprobada. De todos modos, aunque su origen permanezca oscuro la palabra *Trilce* ha sido nombre luego de variadas empresas, y hasta de algunas niñas.

La primera edición, prologada por Antenor Orrego pasa sin pena ni gloria por la escena peruana. Un año más tarde aparece *Escalas mecanografiadas* (Talleres Tipográficos de la Penitenciaría, Lima, 1923), un libro de cuentos y textos en prosa, y la novela *Fabla salvaje* (La novela peruana, 1:9, Lima, 1923).

A mediados de ese año, acompañado por Julio Gálvez Orrego, se embarca rumbo a Europa. Lleva consigo un manual para aprender francés durante el viaje. Será el último exilio.

En julio de 1923 llega a París. La vida durante los primeros dos años es especialmente dura. No tiene un trabajo regular, debe vivir apenas de lo que percibe por su colaboración con algunas publicaciones, cambia frecuentemente de domicilio apremiado por la situación económica. Se alimentaba, dicen, las más de las veces de pan y leche.

En 1924 debe pasar un mes en el hospital, gravemente enfermo. En su carta a Pablo Abril, Vallejo habla de ese lugar al que luego, en sus poemas en prosa llamará *la casa del dolor*.

Sin embargo, aunque la vida es dura en esos años, la actividad intelectual es intensa. Está vinculado a Vicente Huidobro, Gerardo Diego, Juan Larrea y otros, con los que editará dos números de una revista, *Favorable-París-Poema*(1926), en la que colaboran también Tristán Tzara y Pablo Neruda. Es época de entreguerra. Europa está convulsionada. Vallejo viaja de París a España, de España regresa a París. Se interesa en el marxismo.

Viaja a la U.R.S.S. por primera vez en 1928. Deslumbrado por los logros del régimen, adhiere a las Tesis de Mariátegui y se afilia al Partido Comunista Peruano, integrando la célula de París. Es conmovedor, sin embargo, que en medio de su fervor revolucionario Vallejo envía en 1929 una carta a su hermano Víctor, encomendándole muy especialmente que mande decir en su nombre una misa al apóstol Santiago, por una promesa que le ha hecho.

La segunda edición de *Trilce* (Compañía Iberoamericana de Publicaciones, Madrid, 1930) se publica en España en 1930, con prólogo de José Bergamín y un poema de Gerardo Diego.

A fines de diciembre de ese año el gobierno francés lo expulsa de su territorio por causas políticas. Debe pasar a residir en Madrid, hasta que regresa clandestinamente a París en 1932. Será admitido nuevamente en forma legal a condición de no participar en actividades políticas. Como era de suponer, Vallejo hace caso omiso de tal recomendación. Ya se ha proclamado la República Española, y el será uno de sus más fervorosos defensores.

Vuelve a escribir poesía, pero ésta no será publicada sino en forma póstuma. Su actividad de esos años es intensa, febril, pero rinde poco fruto económico. Georgette Philippart, con quien se había casado en 1929, se ve obligada a vender su casa para poder subsistir. Pasan a vivir en hoteles y su situación es de penuria constante.

En los primeros meses de 1938 su agotamiento es preocupante. Comienza la fiebre. Acosado por Georgette, el médico decide internarlo. Según consta en su ficha clínica César Vallejo ingresa a la *Clinique Chirurgicale* el 25 de marzo a las 15 horas, con una infección intestinal aguda. Su esposa dice que "se acostó el 13 de marzo, después de comer, entre las dos y las dos y media de la tarde. Hoy todavía me acuerdo de esa comida porque fue excepcional... dos costillas de carnero, habichuelas verde pálido y una botella de vino 'cais fino'".

Ya no se levantó más. Los análisis practicados en la clínica no revelan ningún mal. Georgette en su desesperación consulta, según testimonio de Gonzalo More "astrólogos, magos y brujos". Los médicos buscan enfermedades tropicales, multiplican los estudios, la fiebre aumenta en forma constante. Vallejo en su delirio clama por España.

El viernes 15 de abril a las 9:30 horas muere César Vallejo por causas desconocidas. Sus amigos coinciden en señalar que Vallejo enfermó de España. Lo que nadie puede discutir es que aquella mañana de viernes santo, Vallejo murió de hambre.

Prólogo

La relación de los peruanos con César Vallejo es paradójica. En abril de cada año todos se acuerdan de él, lo llenan de elogios, lo llaman maestro y hasta recitan en su honor *Los heraldos negros* o *Los dados eternos*. Vallejo es, en pocas palabras, su poeta más famoso y también su más ilustre desconocido.

Una cosa, dice Borges, es la fama y otra la popularidad. Gracias a la primera, un escritor puede ser "más conocido" que Cristo (es un decir) y gracias a la segunda muy leído, es decir, muy popular, muy metido en la vida de la gente. No es un sacrilegio ni una revelación: Vallejo es un emblema de peruanidad, pero los peruanos promedio no lo leen.

La paradoja es más paradoja si agregamos que en otros lares la poesía del "cholo" es bastante apreciada (España, por ejemplo) y se llega a la conclusión que los estudios sobre su obra son más numerosos que las ediciones de sus libros. Los críticos han escrito libros para leer e interpretar su poesía, pero nadie lee a estos exégetas ni menos a Vallejo. Cuando decimos"nadie" es evidente que exageramos. Deberíamos decir "la mayoría".

César Vallejo, pese a las paradojas, es un poeta muy querido en su país. La gente no lo conoce, pero lo aprecia. Es como todos esos jóvenes que llevan en sus camisetas la imagen del Che Guevara: no saben nada de su ideología, pero intuyen que tras la imagen de ese barbudo hay un rebelde que se hace querer.

¿Y por qué se quiere tanto a Vallejo?¿Cuál es la causa de este cariño? ¿No dicen que la mayoría no lee sus versos? Se cree que los peruanos quieren a Vallejo de varias maneras. La mayoría, porque ha interiorizado al poeta modernista de "hay golpes en la vida, tan fuertes... Yo no sé", al artista de las fotografías patéticas y al hombre cuyos retazos biográficos revelan al paradigma romántico del poeta: pobre, triste y amante de la belleza. Amor a primera vista, se dice. Tan luego uno conoce algo de él, provoca abrazarlo y pedirle que no sufra más.

Otra forma de quererlo es a través de la identificación. Vallejo no es sólo el "cholo", el "serrano" que escribe una poesía de gran calidad, sino el provinciano que salta con garrocha a Lima y se marcha a París; es decir, al centro mismo del arte y la civilización, para escribir con las tripas y morir un día de aguacero. Vallejo es, en cierto modo, la expresión personal de una aspiración colectiva: nadie es profeta en su tierra. Una tierra donde le pegaban con un palo y duro también con una soga, sin que él les haga nada.

A Vallejo se le quiere, asimismo, por la poesía que ha escrito. Este es, digamos, el amor de vida y obra, de humanidad completa. En realidad es un cariño basado no en la poesía de los golpes tan fuertes de la vida, ni el "Dios que le duele mucho el corazón" o "la Rita de junco y capulí", sino en los versos que nos cuestionan la existencia y nos ponen la piel de gallina de pura intensidad y altura: "César Vallejo, parece / mentira que así tarden tus parientes, / sabiendo que ando cautivo, / sabiendo que yaces libre! / ¡Vistosa y perra suerte! / ¡César Vallejo, te odio con ternura!"

Sin embargo no todo es amor para el autor de *Trilce*, hay —y son los menos— los que lo malquieren, los que desean matar su fama, los que pretenden sacudirse de su sombra y los que lo llaman "llorón", "ramplón", "dramático" y "sombrío". En verdadero hay odio, hay un exceso de individualismo: "quiero ser yo, pero Vallejo no me deja". En todo caso, se trata del clásico amor/odio que cultivan los peruanos.

En el otro extremo están los papistas, los que lo adulan, los que por exceso lo visten de santo o pervierten su poesía. Ellos han escrito el mal amor, han ahuyentado a sus lectores potenciales y han edificado un altar de chabacanería y mal gusto para deshonrar al poeta. A Vallejo se le quiere como él lo propuso: "¡Ah querer, éste, el mío, éste, el mundial, / inter-humano y parroquial, proyecto! (...) querría / ayudar a sonreír al que sonríe, / ponerle un pajarillo al malvado en plena nuca, / cuidar a los enfermos enfadados, / comprarle al vendedor, / ayudarle a matar al matador, —cosa terrible— / y quisiera ser bueno conmigo/ en todo". Y no como suponen los farsantes. Diríamos entonces que a César Vallejo se le odia con ternura y se le "ternura" con odio; es decir, se le quiere por completo, aunque sólo hayamos leído alguna vez "Hay golpes en la vida, tan fuertes… Yo no sé".

Luis Rutiaga

Los heraldos negros

Hay golpes en la vida, tan fuertes... Yo no sé!
Golpes como del odio de Dios; como si ante ellos,
la resaca de todo lo sufrido
se empozara en el alma... Yo no sé!

Son pocos; pero son... Abren zanjas oscuras
en el rostro más fiero y en el lomo más fuerte.
Serán tal vez los potros de bárbaros Atilas;
o los heraldos negros que nos manda la Muerte.

Son las caídas hondas de los Cristos del alma,
de alguna fe adorable que el Destino blasfema.
Esos golpes sangrientos son las crepitaciones
de algún pan que en la puerta del horno se nos quema.

Y el hombre... Pobre... pobre! Vuelve los ojos, como
cuando por sobre el hombro nos llama una palmada;
vuelve los ojos locos, y todo lo vivido
se empoza, como charco de culpa, en la mirada.

Hay golpes en la vida, tan fuertes... Yo no sé!

Plafones ágiles

Deshojación sagrada

Luna! Corona de una testa inmensa,
que te vas deshojando en sombras gualdas
Roja corona de un Jesús que piensa
trágicamente dulce de esmeraldas.

Luna! Alocado corazón celeste
¿por qué bogas así, dentro de copa
llena de vino azul, hacia el oeste,
cual derrotada y dolorida popa?

Luna! Y a fuerza de volar en vano,
te holocaustas en ópalos dispersos:
tú eres tal vez mi corazón gitano
que vaga en el azul llorando versos!...

Comunión

Linda Regia! Tus venas son fermentos
de mi noser antiguo y del champaña
negro de mi vivir!

Tu cabello es la ignota raicilla
del árbol de mi vid.
Tu cabello es la hilacha de una mitra
de ensueño que perdí!

Tu cuerpo es la espumante escaramuza
de un rosado Jordán;
y ondea, como un látigo beatífico
que humillara a la víbora del mal!

Tus brazos dan la sed de lo infinito,
con sus castas hespérides de luz,
cual dos blancos caminos redentores,

dos arranques murientes de una cruz.
Y están plasmados en la sangre invicta
de mi imposible azul!

Tus pies son dos heráldicas alondras
que eternamente llegan de mi ayer!
Linda Regia! Tus pies son las dos lágrimas
que al bajar del Espíritu ahogué,
un Domingo de Ramos que entré al Mundo,
ya lejos para siempre de Belén.

Nervazón de angustia

Dulce hebrea, desclava mi tránsito de arcilla;
desclava mi tensión nerviosa y mi dolor...
Desclava, amada eterna, mi largo afán y los
dos clavos de mis alas y el clavo de mi amor!

Regreso del desierto donde he caído mucho;
retira la cicuta y obséquiame tus vinos:
espanta con un llanto de amor a mis sicarios,
cuyos gestos son férreas cegueras de Longinos!

Desclávame mis clavos ¡oh nueva madre mía!
¡Sinfonía de olivos, escancia tu llorar!
Y has de esperar, sentada junto a mi carne muerta,
cuál cede la amenaza, y la alondra se va!

Pasas... vuelves... Tus lutos trenzan mi gran cilicio
con gotas de curare, filos de humanidad,
la dignidad roquera que hay en tu castidad,

y el judithesco azogue de tu miel interior.
Son las ocho de una mañana en crema brujo...
Hay frío... Un perro pasa royendo el hueso de otro
perro que se fue... Y empieza a llorar en mis nervios
un fósforo que en cápsulas de silencio apagué!

Y en mi alma hereje canta su dulce fiesta asiática
un dionisíaco hastío de café...!

Bordas de hielo

Vengo a verte pasar todos los días,
vaporcito encantado siempre lejos…
Tus ojos son dos rubios capitanes;
tu labio es un brevísimo pañuelo
rojo que ondea en un adiós de sangre!

Vengo a verte pasar; hasta que un día,
embriagada de tiempo y de crueldad,
vaporcito encantado siempre lejos,
la estrella de la tarde partirá!

Las jarcias; vientos que traicionan;
vientos de mujer que pasó!
Tus fríos capitanes darán orden;
y quien habrá partido seré yo…

Nochebuena

Al callar la orquesta, pasean veladas
sombras femeninas bajo los ramajes,
por cuya hojarasca se filtran heladas
quimeras de luna, pálidos celajes.

Hay labios que lloran arias olvidadas,
grandes lirios fingen los ebúrneos trajes.
Charlas y sonrisas en locas bandadas
perfuman de seda los rudos boscajes.

Espero que ría la luz de tu vuelta;
y en la epifanía de tu forma esbelta,
cantará la fiesta en oro mayor.

Balarán mis versos en tu predio entonces,
canturreando en todos sus místicos bronces
que ha nacido el niño-jesús de tu amor.

Medialuz

He soñado una fuga. Y he soñado
tus encajes dispersos en la alcoba.
A lo largo de un muelle, alguna madre;
y sus quince años dando el seno a una hora.

He soñado una fuga. Un "para siempre"
suspirado en la escal de una proa;
he soñado una madre;
unas frescas matitas de verdura,
y el ajuar constelado de una aurora.

A lo largo de un muelle...
Y a lo largo de un cuello que se ahoga!

Sauce

Lirismo de invierno, rumor de crespones,
cuando ya se acerca la pronta partida;
agoreras voces de tristes canciones
que en la tarde rezan una despedida.

Visión del entierro de mis ilusiones
en la propia tumba de mortal herida.
Caridad verónica de ignotas regiones,
donde a precio de éter se pierde la vida.

Cerca de la aurora partiré llorando;
y mientras mis años se vayan curvando,
curvará guadañas mi ruta veloz.

Y ante fríos óleos de luna muriente,
con timbres de aceros en tierra indolente,
cavarán los perros, aullando, un adiós!

Ausente

Ausente! la mañana en que me vaya
más lejos de lo lejos, al Misterio,
como siguiendo inevitable raya,
tus pies resbalarán al cementerio.

Ausente! La mañana en que a la playa
del mar de sombra y del callado imperio,
como un pájaro lúgubre me vaya,
será el blanco panteón tu cautiverio.

Se habrá hecho de noche en tus miradas;
y sufrirás, y tomarás entonces
penitentes blancuras laceradas.

Ausente! Y en tus propios sufrimientos
ha de cruzar entre un llorar de bronces
una jauría de remordimientos.

Avestruz

Melancolía, saca tu dulce pico ya;
no cebes tus ayunos en mis trigos de luz.
Melancolía, basta! Cuál beben tus puñales
la sangre que extrajera mi sanguijuela azul!

No acabes el maná de mujer que ha bajado;
yo quiero que de él nazca mañana alguna cruz,
mañana que no tenga yo a quién volver los ojos,
cuando abra su gran O de burla el ataúd.

Mi corazón es tiesto regado de amargura;
hay otros viejos pájaros que pastan dentro de él...
Melancolía, deja de secarme la vida,
y desnuda tu labio de mujer...!

Buzos

Romería

Pasamos juntos. El sueño
lame nuestros pies qué dulce;
y todo se desplaza en pálidas
renunciaciones sin dulce.

Pasamos juntos. Las muertas
almas, las que, cual nosotros,
cruzaron por el amor,
con enfermos pasos ópalos,
salen en sus lutos rígidos
y se ondulan en nosotros.

Amada, vamos al borde
frágil de un montón de tierra.
Va en aceite ungida el ala,
y en pureza. Pero un golpe,
al caer yo no sé dónde,
afila de cada lágrima
un diente hostil.

Y un soldado, un gran soldado,
heridas por charreteras,
se anima en la tarde heroica,
y a sus pies muestra entre risas,
como una gualdrapa horrenda,
el cerebro de la Vida.

Pasamos juntos, muy juntos,
invicta Luz, paso enfermo;
pasamos juntos las lilas
mostazas de un cementerio.

De la Tierra

¿..................

—Si te amara... que sería?
—Una orgía!
—Y si él te amara?
Sería todo rituario, pero menos dulce.

Y si tú me quisieras?
La sombra sufriría
justos fracasos en tus niñas monjas.

Culebrean latigazos,
cuando el can ama a su dueño?

—No; pero la luz es nuestra.
Estás enfermo.... Vete.... Tengo sueño!

(Bajo la alameda vesperal
se quiebra un fragor de rosa).
—Idos pupilas pronto....
Ya retoña la selva en mi cristal

El poeta a su amada

Amada, en esta noche tú te has crucificado
sobre los dos maderos curvados de mi beso;
y tu pena me ha dicho que Jesús ha llorado,
y que hay un viernesanto más dulce que ese beso.

En esta noche rara que tanto me has mirado,
la Muerte ha estado alegre y ha cantado en su hueso
En esta noche de setiembre se ha oficiado
mi segunda caída y el más humano beso.

Amada, moriremos los dos juntos, muy juntos;
se irá secando a pausas nuestra excelsa amargura;
y habrán tocado a sombra nuestros labios difuntos.

Y ya no habrán reproches en tus ojos benditos;
ni volveré a ofenderte. Y en una sepultura
los dos dormiremos, como dos hermanitos.

Verano

Verano, ya me voy. Y me dan pena
las manitas sumisas de tus tardes.
Llegas devotamente; llegas viejo;
y ya no encontrarás en mi alma a nadie.

Verano! Y pasarás por mis balcones
con gran rosario de amatistas y oros,
como un obispo triste que llegara
de lejos a buscar y bendecir
los rotos aros de unos muertos novios.

Verano, ya me voy. Allá, en setiembre
tengo una rosa que te encargo mucho;
la regarás de agua bendita todos
los días de pecado y de sepulcro.

Si a fuerza de llorar el mausoleo,
con luz de fe su mármol aletea,
levanta en alto tu responso, y pide
a Dios que siga para siempre muerta.

Todo ha de ser ya tarde;
y tú no encontrarás en mi alma a nadie.

Ya no llores, Verano! En aquel surco
muere una rosa que renace mucho…

Setiembre

Aquella noche de setiembre, fuiste
tan buena para mí... hasta dolerme!
Yo no sé lo demás; y para eso,
no debiste ser buena, no debiste.

Aquella noche sollozaste al verme
hermético y tirano, enfermo y triste.
Yo no sé lo demás... y para eso,
yo no sé por qué fui triste... tan triste...!

Solo esa noche de setiembre dulce,
tuve a tus ojos de Magdala, toda
la distancia de Dios... y te fui dulce!

Y también fue una tarde de setiembre
cuando sembré en tus brasas, desde un auto,
los charcos de esta noche de diciembre.

Heces

Esta tarde llueve, como nunca; y no
tengo ganas de vivir, corazón.

Esta tarde es dulce. Por qué no ha de ser?
Viste de gracia y pena; viste de mujer.

Esta tarde en Lima llueve. Y yo recuerdo
las cavernas crueles de mi ingratitud;
mi bloque de hielo sobre su amapola,
más fuerte que su "No seas así!"

Mis violentas flores negras; y la bárbara
y enorme pedrada; y el trecho glacial.
Y pondrá el silencio de su dignidas
con óleos quemantes el punto final.

Por eso esta tarde, como nunca, voy
con este búho, con este corazón.

Y otras pasan; y viéndome tan triste,
toman un poquito de ti
en la abrupta arruga de mi hondo dolor.

Esta tarde llueve, llueve mucho. ¡Y no
tengo ganas de vivir, corazón!

Impía

Señor! Estabas tras los cristales
humano y triste de atardecer;
y cuál lloraba tus funerales
esa mujer!

Sus ojos eran el jueves santo,
dos negros granos de amarga luz!
Con duras gotas de sangre y llanto
clavó tu cruz!

Impía! Desde que tú partiste
Señor, no ha ido nunca al Jordán,
en rojas aguas su piel desviste,
y al vil judío le vende pan!

La copa negra

La noche es una copa de mal. Un silbo agudo
del guardia la atraviesa, cual vibrante alfiler.
Oye, tú, mujerzuela, ¿cómo, si ya te fuiste,
la onda aún es negra y me hace aún arder?

La Tierra tiene bordes de féretro en la sombra.
Oye tú, mujerzuela, no vayas a volver.

Mi carne nada, nada
en la copa de sombra que me hace aún doler;
mi carne nada en ella,
como en un pantanoso corazón de mujer.

Ascua austral... He sentido
secos roces de arcilla
sobre mi loto diáfano caer.
Ah, mujer! Por ti existe
la carne hecha de instinto. Ah mujer!

Por eso ¡oh, negro cáliz! aun cuando ya te fuiste
me ahogo con el polvo,
y piafan en mis carnes más ganas de beber.

Fresco

Llegué a confundirme con ella,
tanto...! Por sus recodos
espirituales, yo me iba
jugando entre tiernos fresales,
entre sus griegas manos matinales.

Ella me acomodaba después los lazos negros
y bohemios de la corbata. Y yo
volvía a ver la piedra
absorta, desairados los bancos, y el reloj
que nos iba envolviendo en su carrete,
al dar su inacabable molinete.

Buenas noches aquellas,
que hoy la dan por reír
de mi extraño morir,
de mi modo de andar meditabundo.

Alfeñiques de oro,
joyas de azúcar
que al fin se quiebran en
el mortero de losa de este mundo.

Pero para las lágrimas de amor,
los luceros son lindos pañuelitos
lilas,
naranjos,
verdes,
que empapa el corazón.
Y si hay ya mucha hiel en esas sedas,
hay un cariño que no nace nunca,
que nunca muere,
vuela otro gran pañuelo apocalíptico,
la mano azul, inédita de Dios!

Yeso

Silencio. Aquí se ha hecho ya de noche,
ya tras del cementerio se fue el sol;
aquí se está llorando a mil pupilas:
no vuelvas; ya murió mi corazón.
Silencio. Aquí ya todo está vestido
de dolor riguroso; y arde apenas,
como un mal kerosene, esta pasión.

Primavera vendrá. Cantarás "Eva"
desde un minuto horizontal, desde un
hornillo en que arderán los nardos de Eros.
¡Forja allí tu perdón para el poeta,
que ha de dolerme aún,
como clavo que cierra un ataúd!

Mas... una noche de lirismo, tu
buen seno, tu mar rojo
se azotará con olas de quince años,
al ver lejos, aviado con recuerdos
mi corsario bajel, mi ingratitud.

Después, tu manzanar, tu labio dándose,
y que se aja por mí por la vez última,
y que muere sangriento de amar mucho,
como un croquis pagano de Jesús.

Amada! Y cantarás;
y ha de vibrar el femenino en mi alma,
como en una enlutada catedral.

Nostalgias imperiales

Mayo

Vierte el humo doméstico en la aurora
su sabor a rastrojo;
y canta, haciendo leña, la pastora
un salvaje aleluya!
Sepia y rojo.
Humo de la cocina, aperitivo
de gesta en este bravo amanecer.
El último lucero fugitivo
lo bebe, y, ebrio ya de su dulzor,
¡oh celeste zagal trasnochador!
se duerme entre un girón de rosicler.

Hay ciertas ganas lindas de almorzar,
y beber del arroyo, y chivatear!
Aletear con el humo allá, en la altura;
o entregarse a los vientos otoñales
en pos de alguna Ruth sagrada, pura,

que nos brinde una espiga de ternura
bajo la hebraica unción de los trigales!

Hoz al hombro calmoso,
acre el gesto brioso,
va un joven labrador a Irichugo.
Y en cada brazo que parece yugo
se encrespa el férreo jugo palpitante
que en creador esfuerzo cotidiano
chispea, como trágico diamante,
a través de los poros de la mano
que no ha bizantinado aún el guante.

Bajo un arco que forma verde aliso,
¡oh cruzada fecunda del andrajo!
pasa el perfil macizo
de este Aquiles incaico del trabajo.

La zagala que llora
su yaraví a la aurora,
recoge ¡oh Venus pobre!
frescos leños fragantes
en sus desnudos brazos arrogantes
esculpidos en cobre.
En tanto que un becerro,
perseguido del perro,

por la cuesta bravía
corre, ofrendando al floreciente día
un himno de Virgilio en su cencerro!

Delante de la choza
el indio abuelo fuma;
y el serrano crepúsculo de rosa,
el ara primitiva se sahuma
en el gas del tabaco.
Tal surge de la entraña fabulosa
de epopéyico huaco,
mítico aroma de broncíneos lotos,
el hilo azul de los alientos rotos!

Idilio muerto

Qué estará haciendo esta hora mi andina y dulce
  Rita
de junco y capulí;
ahora que me asfixia Bizancio, y que dormita
la sangre, como flojo cognac, dentro de mi.

Dónde estarán sus manos que en actitud contrita
planchaban en las tardes blancuras por venir;
ahora, en esta lluvia que me quita
las ganas de vivir.

Qué será de su falda de franela; de sus
afanes; de su andar;
de su sabor a cañas de mayo del lugar.

Ha de estarse a la puerta mirando algún celaje,
y al fin dirá temblando: "Qué frío hay... Jesús!"
Y llorará en las tejas un pájaro salvaje.

Truenos

Ágape

Hoy no ha venido nadie a preguntar;
ni me han pedido en esta tarde nada.

No he visto ni una flor de cementerio
en tan alegre procesión de luces.
Perdóname, Señor: qué poco he muerto!

En esta tarde todos, todos pasan
sin preguntarme ni pedirme nada...

Y no sé qué se olvidan y se queda
mal en mis manos, como cosa ajena.

He salido a la puerta,
y me dan ganas de gritar a todos:
Si echan de menos algo, aquí se queda!

Porque en todas las tardes de esta vida,
yo no sé con qué puertas dan a un rostro,
y algo ajeno se toma el alma mía.

Hoy no ha venido nadie;
y hoy he muerto qué poco en esta tarde!

La de a mil

El suertero que grita "La de a mil"
tiene no sé qué fondo de Dios.

Pasan todos los labios. El hastío
despunta en una arruga su yanó.
Pasa el suertero que atesora, acaso
nominal, como Dios,
entre panes tantálicos, humana
impotencia de amor.

Yo le miro el andrajo. Y él pudiera
darnos el corazón;
pero la suerte aquella que en sus manos
aporta, pregonando en alta voz,
como un pájaro cruel, irá a parar
adonde no lo sabe ni lo quiere
este bohemio dios.

Y digo en este viernes tibio que anda
a cuestas bajo el sol:
¡por qué se habrá vestido de suertero
la voluntad de Dios!

El pan nuestro

Se bebe el desayuno... Húmeda tierra
de cementerio huele a sangre amada.
Ciudad de invierno... La mordaz cruzada
de una carreta que arrastrar parece
una emoción de ayuno encadenada.

Si quisiera tocar todas las puertas
y preguntar por no sé quien; y luego
ver a los pobres, y, llorando quedo,
dar pedacitos de pan fresco a todos.

Y saquear a los ricos sus viñedos
con las dos manos santas
que a un golpe de luz
volaron desclavadas de la Cruz.

Pestaña matinal, no os levantéis!
!El pan nuestro de cada día dánoslo,
Señor...!

Todos mis huesos son ajenos;
yo tal vez los robé!
Yo vine a darme lo que acaso estuvo
asignado para otro;
y pienso que, si no hubiera nacido,
otro pobre tomara este café!
Yo soy un mal ladrón… ¡A dónde iré!

Y en esta hora fría, en que la tierra
trasciende a polvo humano y es tan triste,
quisiera yo tocar todas las puertas,
y suplicar a no sé quién, perdón,
y hacerle pedacitos de pan fresco
aquí, en el horno de mi corazón…!

Absoluta

Color de ropa antigua. Un julio a sombra,
y un agosto recién segado. Y una
mano de agua que injertó en el pino
resinoso de un tedio malas frutas.

Ahora que has anclado, oscura ropa,
tornas rociada de un suntuoso olor
a tiempo, a abreviación… Y he cantado
el proclive festín que se volcó.

Mas ¿no puedes, Señor, contra la muerte,
contra el límite, contra lo que acaba?
¡Ay, la llaga en color de ropa antigua,
cómo se entreabre y huele a miel quemada!

¡Oh unidad excelsa! ¡Oh lo que es uno
por todos!
¡Amor contra el espacio y contra el tiempo!

Un latido único de corazón;
un solo ritmo: ¡Dios!

Y al encogerse de hombros los linderos
en un bronco desdén irreductible,
hay un riego de sierpes
en la doncella plenitud del 1.
¡Una arruga, una sombra!

Desnudo en barro

Como horribles batracios a la atmósfera,
suben visajes lúgubres al labio.
Por el Sahara azul de la Substancia
camina un verso gris, un dromedario.

Fosforece un mohín de sueños crueles.
Y el ciego que murió lleno de voces
de nieve. Y madrugar, poeta, nómada,
al crudísimo día de ser hombre.

Las Horas van febriles, y en los ángulos
abortan rubios siglos de ventura.
¡Quién tira tanto el hilo: quién descuelga
sin piedad nuestros nervios,
cordeles ya gastados, a la tumba!

Amor! Y tú también. Pedradas negras
se engendran en tu máscara y la rompen.
¡La tumba es todavía
un sexo de mujer que atrae al hombre!.

Amor prohibido

Subes centellante de labios y orejas!
Por tus venas subo, como un can herido
que busca el refugio de blandas aceras.

Amor, en el mundo tú eres un pecado!
Mi beso es la punta chispeante del cuerno
del diablo; mi beso que es credo sagrado!

Espíritu es el horópter que pasa
¡puro en su blasfemia!
¡el corazón que engendra al cerebro!
que pasa hacia el tuyo, por mi barro triste.
¡Platónico estambre
que existe en el cáliz donde tu alma existe!

¿Algún penitente silencio siniestro?
Tú acaso lo escuchas? Inocente flor!
Y saber que donde no hay un Padrenuestro,
el Amor es un Cristo pecador!

La cena miserable

Hasta cuándo estaremos esperando lo que
no se nos debe... Y en qué recodo estiraremos
nuestra pobre rodilla para siempre! Hasta cuándo
la cruz que nos alienta no detendrá sus remos.

Hasta cuándo la Duda nos brindará blasones
por haber padecido....
                                    Ya nos hemos sentado
mucho a la mesa, con la amargura de un niño
que a media noche, llora de hambre, desvelado....

Y cuándo nos veremos con los demás, al borde
de una mañana eterna, desayunados todos.
Hasta cuándo este valle de lágrimas, a donde
yo nunca dije que me trajeran.
                                    De codos
todo bañado en llanto, repito cabizbajo
y vencido: hasta cuándo la cena durará.

Hay alguien que ha bebido mucho, y se burla,
y acerca y aleja de nosotros, como negra cuchara
de amarga esencia humana, la tumba....
Y menos sabe
ese oscuro hasta cuándo la cena durará!

Para el alma imposible de mi amada

Amada: no has querido plasmarte jamás
como lo ha pensado mi divino amor.
Quédate en la hostia,
ciega e impalpable,
como existe Dios.

Si he cantado mucho, he llorado más
por ti ¡oh mi parábola excelsa de amor!
¡Quédate en el seso,
y en el mito inmenso
de mi corazón!

Es la fe, la fragua donde yo quemé
el terroso hierro de tanta mujer;
y en un yunque impío te quise pulir.
Quédate en la eterna
nebulosa, ahí,
en la multiesencia de un dulce noser.

Y si no has querido plasmarte jamás
en mi metafísica emoción de amor,
deja que me azote,
como un pecador.

El tálamo eterno

Sólo al dejar de ser, Amor es fuerte!
Y la tumba será una gran pupila,
en cuyo fondo supervive y llora
la angustia del amor, como en un cáliz
de dulce eternidad y negra aurora.

Y los labios se encrespan para el beso,
como algo lleno que desborda y muere;
y, en conjunción crispante,
cada boca renuncia para la otra
una vida de vida agonizante.

Y cuando pienso así, dulce es la tumba
todos al fin se compenetran
en un mismo fragor;
dulce es la sombra, donde todos se unen
en una cita universal de amor.

Los dados eternos

Para Manuel González Prada, esta emoción bravía y selecta, una de las que, con más entusiasmo, me ha aplaudido el gran maestro.

Dios mío, estoy llorando el ser que vivo;
me pesa haber tomádote tu pan;
pero este pobre barro pensativo
no es costra fermentada en tu costado:
¡tú no tienes Marías que se van!

Dios mío, si tú hubieras sido hombre,
hoy supieras ser Dios;
pero tú, que estuviste siempre bien,
no sientes nada de tu creación.
Y el hombre sí te sufre: el Dios es él!

Hoy que en mis ojos brujos hay candelas,
como en un condenado,
Dios mío, prenderás todas tus velas,
y jugaremos con el viejo dado.

Tal vez ¡oh jugador! al dar la suerte
del universo todo,
surgirán las ojeras de la Muerte,
como dos ases fúnebres de lodo.

Dios mío, y esta noche sorda, oscura,
ya no podrás jugar, porque la tierra
es un dado roído y ya redondo
a fuerza de rodar a la aventura,
que no puede parar sino en un hueco,
en el hueco de inmensa sepultura.

Los anillos fatigados

Hay ganas de volver, de amar, de no ausentarse,
y hay ganas de morir, combatido por dos
aguas encontradas que jamás han de istmarse.

Hay ganas de un gran beso que amortaje a la
Vida,
que acaba en el África de una agonía ardiente,
suicida!

Hay ganas de.... no tener ganas, Señor;
a ti yo te señalo con el dedo deicida;
hay ganas de no haber tenido corazón.

La primavera vuelve, vuelve y se irá. Y Dios,
curvado en tiempo, se repite, y pasa, pasa
a cuestas con la espina dorsal del Universo.

Cuando las sienes tocan su lúgubre tambor,
cuando me duele el sueño grabado en un puñal,
¡hay ganas de quedarse plantado en este verso!

Canciones de hogar

Los pasos lejanos

Mi padre duerme. Su semblante augusto
figura un apacible corazón;
está ahora tan dulce…
si hay algo en él de amargo, seré yo.

Hay soledad en el hogar; se reza;
y no hay noticias de los hijos hoy.
Mi padre se despierta, ausculta
la huida a Egipto, el restañante adiós.
Está ahora tan cerca;
si hay algo en él de lejos, seré yo.

Y mi madre pasea allá en los huertos,
saboreando un sabor ya sin sabor.
Está ahora tan suave,
tan ala, tan salida, tan amor.

Hay soledad en el hogar sin bulla,
sin noticias, sin verde, sin niñez.
Y si hay algo quebrado en esta tarde,
y que baja y que cruje,
son dos viejos caminos blancos, curvos.
Por ellos va mi corazón a pie.

Espergesia

Yo nací un día
que Dios estuvo enfermo.

Todos saben que vivo,
que soy malo; y no saben
del diciembre de este enero.
Pues yo nací un día
que Dios estuvo enfermo.

Hay un vacío
en mi aire metafísico
que nadie ha de palpar:
el claustro de un silencio
que habló a flor de fuego.
Yo nací un día
que Dios estuvo enfermo.

Hermano, escucha, escucha…
Bueno. Y que no me vaya

sin llevar diciembres,
sin dejar eneros.
Pues yo nací un día
que Dios estuvo enfermo.

Todos saben que vivo,
que mastico... Y no saben
por qué en mi verso chirrían,
oscuro sinsabor de féretro,
luyidos vientos
desenroscados de la Esfinge
preguntona del Desierto.

Todos saben... Y no saben
que la Luz es tísica,
y la Sombra gorda...
Y no saben que el Misterio sintetiza...
que él es la joroba
musical y triste que a distancia denuncia
el paso meridiano de las lindes a las Lindes.

Yo nací un día
que Dios estuvo enfermo,
grave.

Trilce

I

Quién hace tanta bulla y ni deja
testar las islas que van quedando.

Un poco más de consideración
en cuanto será tarde, temprano,
y se aquilatará mejor
el guano, la simple calabrina tesórea
que brinda sin querer,
en el insular corazón,
salobre alcatraz, a cada hialóidea grupada.

Un poco más de consideración,
y el mantillo líquido, seis de la tarde
DE LOS MAS SOBERBIOS BEMOLES.

Y la península párase
por la espalda, abozaleada, impertérrita
en la línea mortal del equilibrio.

II

Tiempo   Tiempo

Mediodía estancado entre relentes.
Bomba aburrida del cuartel achica
tiempo tiempo tiempo tiempo.

Era   Era

Gallos cancionan escarbando en vano.
Boca del claro día que conjuga
era era era era.

Mañana   Mañana

El reposo caliente aún de ser.
Piensa el presente guárdame para
mañana mañana mañana mañana.

Nombre   Nombre

¿Qué se llama cuanto heriza nos?
Se llama Lomismo que padece
nombre nombre nombre nombrE.

V

Grupo dicotiledón. Oberturan
desde él petreles, propensiones de trinidad,
finales que comienzan, ohs de ayes
creyérase avaloriados de heterogeneidad.
¡Grupo de los cotiledones!

A ver. Aquello sea sin ser más.
A ver. No trascienda hacia afuera,
y piense en són de no ser escuchado,
y crome y no sea visto.
Y no glise en el gran colapso.

La creada voz rebélase y no quiere
ser malla, ni amor.
Los novios sean novios en eternidad.
Pues no deis 1, que resonará al infinito.
Y no deis 0, que callará tánto,
hasta despertar y poner de pie al 1.

Ah grupo bicardiaco.

VI

El traje que vestí mañana
no lo ha lavado mi lavandera:
lo lavaba en sus venas otilinas,
en el chorro de su corazón, y hoy no he
de preguntarme si yo dejaba
el traje turbio de injusticia.

A hora que no hay quien vaya a las aguas,
en mis falsillas encañona
el lienzo para emplumar, y todas las cosas
del velador de tánto qué será de mí,
todas no están mías
a mi lado.
                    Quedaron de su propiedad,
fratesadas, selladas con su trigueña bondad.

Y si supiera si ha de volver;
y si supiera qué mañana entrará

a entregarme las ropas lavadas, mi aquella
lavandera del alma. Que mañana entrará
satisfecha, capulí de obrería, dichosa
de probar que sí sabe, que sí puede
¡CÓMO NO VA A PODER!
azular y planchar todos los caos.

IX

Vusco volvvver de golpe el golpe.
Sus dos hojas anchas, su válvula
que se abre en suculenta recepción
de multiplicando a multiplicador,
su condición excelente para el placer,
todo avía verdad.

Busco volver de golpe el golpe.
A su halago, enveto bolivarianas fragosidades
a treintidós cables y sus múltiples,
se arrequintan pelo por pelo
soberanos belfos, los dos tomos de la Obra,
y no vivo entonces ausencia,
ni al tacto.

Fallo bolver de golpe el golpe.
No ensillaremos jamás el toroso Vaveo
de egoísmo y de aquel ludir mortal

de sábana,
desque la mujer esta
¡cuánto pesa de general!

Y hembra es el alma de la ausente.
Y hembra es el alma mía.

X

Prístina y última piedra de infundada
ventura, acaba de morir
con alma y todo, octubre habitación y encinta.
De tres meses de ausente y diez de dulce.
Cómo el destino,
mitrado monodáctilo, ríe.

Cómo detrás desahucian juntas
de contrarios. Cómo siempre asoma el guarismo
bajo la línea de todo avatar.

Cómo escotan las ballenas a palomas.
Cómo a su vez éstas dejan el pico
cubicado en tercera ala.
Cómo arzonamos, cara a monótonas ancas.

Se remolca diez meses hacia la decena,
hacia otro más allá.

Dos quedan por lo menos todavía en pañales.
Y los tres meses de ausencia.
Y los nueve de gestación.

No hay ni una violencia.
El paciente incorpórase,
y sentado empavona tranquilas misturas.

XIII

Pienso en tu sexo.
Simplificado el corazón, pienso en tu sexo,
ante el hijar maduro del día.
Palpo el botón de dicha, está en sazón.
Y muere un sentimiento antiguo
degenerado en seso.

Pienso en tu sexo, surco más prolífico
y armonioso que el vientre de la Sombra,
aunque la Muerte concibe y pare
de Dios mismo.
Oh Conciencia,
pienso, sí, en el bruto libre
que goza donde quiere, donde puede.

Oh, escándalo de miel de los crepúsculos.
Oh estruendo mudo.

¡Odumodneurtse!

XV

En el rincón aquel, donde dormimos juntos
tantas noches, ahora me he sentado
a caminar. La cuja de los novios difuntos
fue sacada, o talvez que habrá pasado.

Has venido temprano a otros asuntos
y ya no estás. Es el rincón
donde a tu lado, leí una noche,
entre tus tiernos puntos
un cuento de Daudet. Es el rincón
amado. No lo equivoques.

Me he puesto a recordar los días
de verano idos, tu entrar y salir,
poca y harta y pálida por los cuartos.

En esta noche pluviosa,
ya lejos de ambos dos, salto de pronto...
Son dos puertas abriéndose cerrándose,
dos puertas que al viento van y vienen
sombra a sombra.

XVIII

Oh las cuatro paredes de la celda.
Ah las cuatro paredes albicantes
que sin remedio dan al mismo número.

Criadero de nervios, mala brecha,
por sus cuatro rincones cómo arranca
las diarias aherrojadas extremidades.

Amorosa llavera de innumerables llaves,
si estuvieras aquí, si vieras hasta
qué hora son cuatro estas paredes.
Contra ellas seríamos contigo, los dos,
más dos que nunca. Y ni lloraras,
di, libertadora!

Ah las paredes de la celda.
De ellas me duele entretanto, más
las dos largas que tienen esta noche

algo de madres que ya muertas
llevan por bromurados declives,
a un niño de la mano cada una.

Y sólo yo me voy quedando,
con la diestra, que hace por ambas manos,
en alto, en busca de terciario brazo
que ha de pupilar, entre mi dónde y mi cuándo,
esta mayoría inválida de hombre.

XIX

A trastear, Hélpide dulce, escampas,
cómo quedamos de tan quedarnos.

Hoy vienes apenas me he levantado.
El establo está divinamente meado
y excrementido por la vaca inocente
y el inocente asno y el gallo inocente.

Penetra en la maría ecuménica.
Oh sangabriel, haz que conciba el alma,
el sin luz amor, el sin cielo,
lo más piedra, lo más nada,
hasta la ilusión monarca.

Quemaremos todas las naves!
Quemaremos la última esencia!

Mas si se ha de sufrir de mito a mito,
y a hablarme llegas masticando hielo,
mastiquemos brasas,
ya no hay dónde bajar,
ya no hay dónde subir.
Se ha puesto el gallo incierto, hombre.

XX

Al ras de batiente nata blindada
de piedra ideal. Pues apenas
acerco el 1 al 1 para no caer.

Ese hombre mostachoso. Sol,
herrada su única rueda, quinta y perfecta,
y desde ella para arriba.
Bulla de botones de bragueta,
                libres,
bulla que reprende A vertical subordinada.
El desagüe jurídico. La chirota grata.

Mas sufro. Allende sufro. Aquende sufro.

Y he aquí se me cae la baba, soy
una bella persona, cuando
el hombre guillermosecundario
puja y suda felicidad
a chorros, al dar lustre al calzado

de su pequeña de tres años.
Engállase el barbado y frota un lado.
La niña en tanto pónese el índice
en la lengua que empieza a deletrear
los enredos de enredos de los enredos,
y unta el otro zapato, a escondidas,
con un poquito de saliva y tierra,
                    pero con un poquito
                                        no má-
                                            .s.

XXVIII

He almorzado solo ahora, y no he tenido
madre, ni súplica, ni sírvete, ni agua,
ni padre que, en el facundo ofertorio
de los choclos, pregunte para su tardanza
de imagen, por los broches mayores del sonido.

Cómo iba yo a almorzar. Cómo me iba a servir
de tales platos distantes esas cosas,
cuando habráse quebrado el propio hogar,
cuando no asoma ni madre a los labios.
Cómo iba yo a almorzar nonada.

A la mesa de un buen amigo he almorzado
con su padre recién llegado del mundo,
con sus canas tías que hablan
en tordillo retinte de porcelana,
bisbiseando por todos sus viudos alvéolos;

y con cubiertos francos de alegres tiroriros,
porque estánse en su casa. Así, ¡qué gracia!
Y me han dolido los cuchillos
de esta mesa en todo el paladar.

El yantar de estas mesas así, en que se prueba
amor ajeno en vez del propio amor,
torna tierra el brocado que no brinda la
MADRE,
hace golpe la dura deglución; el dulce,
hiel; aceite funéreo, el café.

Cuando ya se ha quebrado el propio hogar,
y el sírvete materno no sale de la
tumba,
la cocina a oscuras, la miseria de amor.

XXXI

Esperanza plañe entre algodones.

Aristas roncas uniformadas
de amenazas tejidas de esporas magníficas
con porteros botones innatos.
¿Se luden seis de sol?
Natividad. Cállate, miedo.

Cristiano espero, espero siempre
de hinojos en la piedra circular que está
en las cien esquinas de esta suerte
tan vaga a donde asomo.

Y Dios sobresaltado nos oprime
el pulso, grave, mudo,
y como padre a su pequeña,
                    apenas,
pero apenas, entreabre los sangrientos algodones
y entre sus dedos toma a la esperanza.

Señor, lo quiero yo...
Y basta!

XXXII

999 calorías
Rumbbb...Trrrapprrr rrach...chaz
Serpentínica u del dizcochero
engirafada al tímpano.

Quién como los hielos. Pero no.
Quién como lo que va ni más ni menos.
Quién como el justo medio.

1,000 calorías.
Azulea y ríe su gran cachaza
el firmamento gringo. Baja
el sol empavado y le alborota los cascos
al más frío.
Remeda al cuco: Rooooooeeeis...
tierno autocarril, móvil de sed,
que corre hasta la playa.

Aire, aire! Hielo!
Si al menos el calor (.........Mejor
no digo nada.

Y hasta la misma pluma
con que escribo por último se troncha.

Treinta y tres trillones trescientos treinta
y tres calorías.

XXXIII

Si lloviera esta noche, retiraríame
de aquí a mil años.
Mejor a cien no más.
Como si nada hubiese ocurrido, haría
la cuenta de que vengo todavía.

O sin madre, sin amada, sin porfía
de agacharme a aguaitar al fondo, a puro
pulso,
esta noche así, estaría escarmenando
la fibra védica,
la lana védica de mi fin final, hilo
del diantre, traza de haber tenido
por las narices
a dos badajos inacordes de tiempo
en una misma campana.

Haga la cuenta de mi vida
o haga la cuenta de no haber aún nacido
no alcanzaré a librarme.

No será lo que aún no haya venido, sino
lo que ha llegado y ya se ha ido,
sino lo que ha llegado y ya se ha ido.

XXXIV

Se acabó el extraño, con quien, tarde
la noche, regresabas parla y parla.
Ya no habrá quien me aguarde,
dispuesto mi lugar, bueno lo malo.

Se acabó la calurosa tarde;
tu gran bahía y tu clamor; la charla
con tu madre acabada
que nos brindaba un té lleno de tarde.

Se acabó todo al fin: las vacaciones,
tu obediencia de pechos, tu manera
de pedirme que no me vaya fuera.

Y se acabó el diminutivo, para
mi mayoría en el dolor sin fin
y nuestro haber nacido así sin causa.

XXXVI

Pugnamos ensartarnos por un ojo de aguja,
enfrentados, a las ganadas.
Amoniácase casi el cuarto ángulo del círculo.
¡Hembra se continúa el macho, a raíz
de probables senos, y precisamente
a raíz de cuanto no florece!

¿Por ahí estás, Venus de Milo?
Tú manqueas apenas pululando
entrañada en los brazos plenarios
de la existencia,
de esta existencia que todaviiza
perenne imperfección
Venus de Milo, cuyo cercenado, increado
brazo revuélvese y trata de encodarse
a través de verdeantes guijarros gagos,
ortivos nautilos, aúnes que gatean
recién, vísperas inmortales.

Laceadora de inminencias, laceadora
del paréntesis.

Rehusad, y vosotros, a posar las plantas
en la seguridad dupla de la Armonía.
Rehusad la simetría a buen seguro.
Intervenid en el conflicto
de puntas que se diputan
en la más torionda de las justas
el salto por el ojo de la aguja!

Tal siento ahora el meñique
demás en la siniestra. Lo veo y creo
no debe serme, o por lo menos que está
en sitio donde no debe.

Y me inspira rabia y me azarea
y no hay cómo salir de él, sino haciendo
la cuenta de que hoy es jueves.

¡Ceded al nuevo impar
potente de orfandad!

XLIV

Este piano viaja para adentro,
viaja a saltos alegres.
Luego medita en ferrado reposo,
clavado con diez horizontes.

Adelanta. Arrástrase bajo túneles,
más allá, bajo túneles de dolor,
bajo vértebras que fugan naturalmente.

Otras veces van sus trompas,
lentas ansias amarillas de vivir,
van de eclipse,
y se espulgan pesadillas insectiles,
ya muertas para el trueno, heraldo de los génesis.

Piano oscuro ¿a quién atisbas
con tu sordera que me oye,
con tu madurez que me asorda?

Oh pulso misterioso.

LI

Mentira. Si lo hacía de engaños,
y nada más. Ya está. De otro modo,
también tú vas a ver
cuánto va a dolerme el haber sido así.

Mentira. Calla.
Ya está bien.
Como otras veces tú me haces esto mismo,
por eso yo también he sido así.

A mí, que había tanto atisbado si de veras
llorabas,
ya que otras veces sólo te quedaste
en tus dulces pucheros,
a mí, que ni soñé que los creyeses,
me ganaron tus lágrimas.
Ya está.

Más ya lo sabes: todo fue mentira.
Y si sigues llorando, bueno, pues!
Otra vez ni he de verte cuando juegues.

LVIII

En la celda, en lo sólido, también
se acurrucan los rincones.

Arreglo los desnudos que se ajan,
se doblan, se harapan.

Apéome del caballo jadeante, bufando
líneas de bofetadas y de horizontes;
espumoso pie contra tres cascos.
Y le ayudo: Anda, animal!

Se tomaría menos, siempre menos, de lo
que me tocase erogar,
en la celda, en lo líquido.

El compañero de prisión comía el trigo
de las lomas, con mi propia cuchara,
cuando, a la mesa de mis padres, niño,
me quedaba dormido masticando.

Le soplo al otro:
Vuelve, sal por la otra esquina;
apura... aprisa,... apronta!

E inadvertido aduzco, planeo,
cabe camastro desvencijado, piadoso:
No creas. Aquel médico era un hombre sano.

Ya no reiré cuando mi madre rece
en infancia y en domingo, a las cuatro
de la madrugada, por los caminantes,
encarcelados,
enfermos
y pobres.

En el redil de niños, ya no le asestaré
puñetazos a ninguno de ellos, quien, después,
todavía sangrando, lloraría: El otro sábado
te daré de mi fiambre, pero
no me pegues!
Ya no le diré que bueno.

En la celda, en el gas ilimitado
hasta redondearse en la condensación,
¿quién tropieza por afuera?

LIX

La esfera terrestre del amor
que rezagóse abajo, da vuelta
y vuelta sin parar segundo,
y nosotros estamos condenados a sufrir
como un centro su girar.

Pacífico inmóvil, vidrio, preñado
de todos los posibles.
Andes frío, inhumanable, puro.
Acaso. Acaso.

Gira la esfera en el pedernal del tiempo,
y se afila,
y se afila hasta querer perderse;
gira forjando, ante los desertados flancos,
aquel punto tan espantablemente conocido,
porque él ha gestado, vuelta
y vuelta,
el corralito consabido.

Centrífuga que sí, que sí,
que Sí,
que sí, que sí, que sí, que sí: No!
Y me retiro hasta azular, y retrayéndome
endurezco, hasta apretarme el alma!

LXI

Esta noche desciendo del caballo,
ante la puerta de la casa, donde
me despedí con el cantar del gallo.
Está cerrada y nadie responde.

El poyo en que mamá alumbró
al hermano mayor, para que ensille
lomos que había yo montado en pelo,
por rúas y por cercas, niño aldeano;
el poyo en que dejé que se amarille al sol
mi adolorida infancia... ¿Y este duelo
que enmarca la portada?

Dios en la paz foránea,
estornuda, cual llamando también, el bruto;
husmea, golpeando el empedrado. Luego duda
relincha,
orejea a viva oreja.

Ha de velar papá rezando, y quizás
pensará se me hizo tarde.
Las hermanas, canturreando sus ilusiones
sencillas, bullosas,
en la labor para la fiesta que se acerca,
y ya no falta casi nada.
Espero, espero, el corazón
un huevo en su momento, que se obstruye.

Numerosa familia que dejamos
no ha mucho, hoy nadie en vela, y ni una cera
puso en el ara para que volviéramos.

Llamo de nuevo, y nada.
Callamos y nos ponemos a sollozar, y el animal
relincha, relincha más todavía.

Todos están durmiendo para siempre,
y tan de lo más bien, que por fin
mi caballo acaba fatigado por cabecear
a su vez, y entre sueños, a cada venia, dice
que esta bien, que todo está muy bien.

LXV

Madre, me voy mañana a Santiago,
a mojarme en tu bendición y en tu llanto.
Acomodando estoy mis desengaños y el rosado
de llaga de mis falsos trajines.

Me esperará tu arco de asombro,
las tonsuradas columnas de tus ansias
que se acaban la vida. Me esperará el patio,
el corredor de abajo con sus tondos y repulgos
de fiesta. Me esperará mi sillón ayo,
aquel buen quijarudo trasto de dinástico
cuero, que para no más rezongando a las nalgas
tataranietas, de correa a correhuela.

Estoy cribando mis cariños más puros.
Estoy ejeando ¿no oyes jadear la sonda?
¿no oyes tascar dianas?

estoy plasmando tu fórmula de amor
para todos los huecos de este suelo.

Oh si se dispusieran los tácitos volantes
para todas las cintas más distantes,
para todas las citas más distintas.

Así, muerta inmortal. Así.
Bajo los dobles arcos de tu sangre, por donde
hay que pasar tan de puntillas, que hasta mi padre
para ir por allí,
humildóse hasta menos de la mitad del hombre,
hasta ser el primer pequeño que tuviste.

Así, muerta inmortal.
Entre la columnata de tus huesos
que no puede caer ni a lloros,
y a cuyo lado ni el destino pudo entrometer
ni un solo dedo suyo.

Así, muerta inmortal.
Así.

LXXI

Serpea el sol en tu mano fresca,
y se derrama cautelosa en tu curiosidad.

Cállate. Nadie sabe que estás en mí,
toda entera. Cállate. No respires. Nadie
sabe mi merienda suculenta de unidad:
legión de oscuridades, amazonas de lloro.

Vánse los carros flagelados por la tarde,
y entre ellos los míos, cara atrás, a las riendas
fatales de tus dedos.
Tus manos y mis manos recíprocas se tienden
polos en guardia, practicando depresiones,
y sienes y costados.

Calla también, crepúsculo futuro,
y recógete a reír en lo íntimo, de este celo

de gallos ajisecos soberbiamente,
soberbiamente ennavajados
de cúpulas, de viudas mitades cerúleas.
Regocíjate, huérfano; bebe tu copa de agua
desde la pulpería de una esquina cualquiera.

LXXIII

Ha triunfado otro ay. La verdad está allí.
Y a quien tal actúa ¿no va a saber
amaestrar excelentes digitígrados
para el ratón? Sí... No?

Ha triunfado otro ay y contra nadie.
Oh exósmosis de agua químicamente pura.
Ah míos australes. Oh nuestros divinos.
Tengo pues derecho
a estar verde y contento y peligroso, y a ser
el cincel, miedo del bloque basto y vasto;
a meter la pata y a la risa.

Absurdo, sólo tú eres puro.
Absurdo, este exceso sólo ante ti se
suda de dorado placer.

LXXV

Estáis muertos.

Qué extraña manera de estarse muertos. Quienquiera diría no lo estáis. Pero, en verdad, estáis muertos, muertos.

Flotáis nadamente detrás de aquesa membrana que, péndula del zenit al nadir, viene y va de crepúsculo a crepúsculo, vibrando ante la sonora caja de una herida que a vosotros no os duele. Os digo, pues, que la vida está en el espejo, y que vosotros sois el original, la muerte.

Mientras la onda va, mientras la onda viene, cuán impunemente se está uno muerto. Sólo cuando las aguas se quebrantan en los bordes enfrentados y se doblan y doblan, entonces os transfiguráis y creyendo morir, percibís la sexta cuerda que ya no es vuestra.

Estáis muertos, no habiendo antes vivido jamás. Quienquiera diría que, no siendo ahora, en otro tiempo fuisteis. Pero, en verdad, vosotros sois los cadáveres de una vida que nunca fue. Triste destino el no haber sido sino muertos siempre. El ser hoja seca sin haber sido verde jamás. Orfandad de orfandades. Y sin embargo, los muertos no son, no pueden ser cadáveres de una vida que todavía no han vivido. Ellos murieron siempre de vida.

Estáis muertos.

Trilce

Hay un lugar que yo me sé
en este mundo, nada menos,
a donde nunca llegaremos.

Donde, aún si nuestro pie
llegase a dar por un instante
será, en verdad, como no estarse.

Es ese un sitio que se ve
a cada rato en esta vida,
andando, andando de uno en fila.

Más acá de mí mismo y de
mi par de yemas, lo he entrevisto
siempre lejos de los destinos.

Ya podéis iros a pie
o a puro sentimiento en pelo,
que a él no arriban ni los sellos.

El horizonte color té
se muere por colonizarle
para su gran Cualquiera parte.

Mas el lugar que yo me sé,
en este mundo, nada menos,
hombreado va con los reversos.

—Cerrad aquella puerta que
está entreabierta en las entrañas
de ese espejo. —¿Esta?— No; su hermana.

—No se puede cerrar. No se
puede llegar nunca a aquel sitio
do van en rama los pestillos.

Tal es el lugar que yo me sé.

Poemas humanos

Altura y pelos

¿Quién no tiene su vestido azul?
¿Quién no almuerza y no toma el tranvía,
con su cigarrillo contratado y su dolor de bolsillo?
¡Yo que tan sólo he nacido!

¡Yo que tan sólo he nacido!
¿Quién no escribe una carta?
¿Quién no habla de un asunto muy importante,
muriendo de costumbre y llorando de oído?
¡Yo que solamente he nacido!

¡Yo que solamente he nacido!
¿Quién no se llama Carlos o cualquier otra cosa?
¿Quién al gato no dice gato gato?
¡Ay, yo que sólo he nacido solamente!
¡Ay, yo que sólo he nacido solamente!

Un hombre está mirando a una mujer...

Un hombre está mirando a una mujer,
está mirándola inmediatamente,
con su mal de tierra suntuosa
y la mira a dos manos
y la tumba a dos pechos
y la mueve a dos hombres.

Pregúntome entonces, oprimiéndome
la enorme, blanca, acérrima costilla:
Y este hombre
¿no tuvo a un niño por creciente padre?
¿Y esta mujer a un niño
por constructor de su evidente sexo?

Puesto que un niño veo ahora,
niño ciempiés, apasionado, enérgico;
veo que no le ven

sonarse entre los dos, colear, vestirse;
puesto que los acepto,
a ella en condición aumentativa,
a él en la flexión del heno rubio.

Y exclamo entonces, sin cesar ni uno
de vivir, sin volver ni uno
a temblar en la justa que venero:
¡Felicidad seguida
tardíamente del Padre,
del Hijo y de la Madre!
¡Instante redondo,
familiar, que ya nadie siente ni ama!
¡De qué deslumbramiento áfono, tinto,
se ejecuta el cantar de los cantares!
¡De qué tronco, el florido carpintero!
¡De qué perfecta axila, el frágil remo!
¡De qué casco, ambos cascos delanteros!

Sombrero, abrigo, guantes

Enfrente a la Comedia Francesa, está el Café
de la Regencia; en él hay una pieza
recóndita, con una butaca y una mesa.
Cuando entro, el polvo inmóvil se ha puesto ya
de pie.

Entre mis labios hechos de jebe, la pavesa
de un cigarrillo humea, y en el humo se ve
dos humos intensivos, el tórax del Café,
y en el tórax, un óxido profundo de tristeza.

Importa que el otoño se injerte en los otoños,
importa que el otoño se integre de retoños,
la nube, de semestres; de pómulos, la arruga.

Importa oler a loco, postulando
¡qué cálida es la nieve, qué fugaz la tortuga,
el cómo qué sencillo, qué fulminante el cuándo!

Epístola a los transeúntes

Reanudo mi día de conejo
mi noche de elefante en descanso.

Y, entre mí, digo:
ésta es mi inmensidad en bruto, a cántaros
éste es mi grato peso,
que me buscará abajo para pájaro
éste es mi brazo
que por su cuenta rehusó ser ala,
éstas son mis sagradas escrituras,
éstos mis alarmados campeones.

Lúgubre isla me alumbrará continental,
mientras el capitolio se apoye en mi íntimo
derrumbe
y la asamblea en lanzas clausure mi desfile.

Pero cuando yo muera
de vida y no de tiempo,
cuando lleguen a dos mis dos maletas,
éste ha de ser mi estómago en que cupo mi
 lámpara en pedazos,
ésta aquella cabeza que expió los tormentos del
círculo en mis pasos,
éstos esos gusanos que el corazón contó por
unidades,
éste ha de ser mi cuerpo solidario
por el que vela el alma individual; éste ha de ser
mi ombligo en que maté mis piojos natos,
ésta mi cosa cosa, mi cosa tremebunda.

En tanto, convulsiva, ásperamente
convalece mi freno,
sufriendo como sufro del lenguaje directo del
 león;
y, puesto que he existido entre dos potestades de
 ladrillo,
convalezco yo mismo, sonriendo de mis labios.

Los mineros salieron de la mina...

Los mineros salieron de la mina
remontando sus ruinas venideras,
fajaron su salud con estampidos
y, elaborando su función mental,
cerraron con sus voces
el socavón, en forma de síntoma profundo.

¡Era de ver sus polvos corrosivos!
¡Era de oír sus óxidos de altura!
Cuñas de boca, yunques de boca, aparatos de boca
(¡Es formidable!)
El orden de sus túmulos,
sus inducciones plásticas, sus respuestas corales,
agolpáronse al pie de ígneos percances
y airente amarillura conocieron los trístidos y tristes,

imbuidos
del metal que se acaba, del metaloide pálido y
pequeño.

Craneados de labor,
y calzados de cuero de vizcacha,
calzados de senderos infinitos,
y los ojos de físico llorar,
creadores de la profundidad,
saben, a cielo intermitente de escalera,
bajar mirando para arriba,
saben subir mirando para abajo.

¡Loor al antiguo juego de su naturaleza,
a sus insomnes órganos, a su saliva rústica!
¡Temple, filo y punta a sus pestañas!
¡Crezcan la yerba, el liquen y la rana en sus
adverbios!
¡Felpa de hierro a sus nupciales sábanas!
¡Mujeres hasta abajo, sus mujeres!
¡Mucha felicidad para los suyos!
¡Son algo portentoso, los mineros
remontando sus ruinas venideras,
elaborando su función mental
y abriendo con sus voces
el socavón, en forma de síntoma profundo!

¡Loor a su naturaleza amarillenta,
a su linterna mágica,
a sus cubos y rombos, a sus percances plásticos,
a sus ojazos de seis nervios ópticos
y a sus hijos que juegan en la iglesia
y a sus tácitos padres infantiles!
¡Salud, oh creadores de la profundidad!...

Fue domingo en las claras orejas de mi burro...

Fue domingo en las claras orejas de mi burro,
de mi burro peruano en el Perú (Perdonen la
tristeza)
Mas hoy ya son las once en mi experiencia personal,
experiencia de un solo ojo, clavado en pleno
pecho,
de una sola burrada, clavada en pleno pecho,
de una sola hecatombe, clavada en pleno pecho.

Tal de mi tierra veo los cerros retrasados,
ricos en burros, hijos de burros, padres hoy de vista,
que tornan ya pintados de creencias,
cerros horizontales de mis penas.

En su estatua, de espada,
Voltaire cruza su capa y mira el zócalo,

pero el sol me penetra y espanta de mis dientes
incisivos
un número crecido de cuerpos inorgánicos.

Y entonces sueño en una piedra
verduzca, diecisiete,
peñasco numeral que he olvidado,
sonido de años en el rumor de aguja de mi brazo,
lluvia y sol en Europa, y ¡cómo toso! ¡cómo vivo!
¡cómo me duele el pelo al columbrar los siglos
semanales!
Y cómo, por recodo, mi ciclo microbiano,
quiero decir mi trémulo, patriótico peinado.

Hoy me gusta la vida mucho menos...

Hoy me gusta la vida mucho menos,
pero siempre me gusta vivir: ya lo decía.
Casi toqué la parte de mi todo y me contuve
con un tiro en la lengua detrás de mi palabra.

Hoy me palpo el mentón en retirada
y en estos momentáneos pantalones yo me digo:
¡Tánta vida y jamás!
¡Tántos años y siempre mis semanas!...
Mis padres enterrados con su piedra
y su triste estirón que no ha acabado;
de cuerpo entero hermanos, mis hermanos,
y, en fin, mi ser parado y en chaleco.

Me gusta la vida enormemente
pero, desde luego,

con mi muerte querida y mi café
y viendo los castaños frondosos de París
y diciendo:
Es un ojo éste, aquél; una frente ésta, aquélla...
Y repitiendo:
¡Tánta vida y jamás me falla la tonada!
¡Tántos años y siempre, siempre, siempre!

Dije chaleco, dije
todo, parte, ansia, dije casi, por no llorar.
Que es verdad que sufrí en aquel hospital que
 queda al lado
y está bien y está mal haber mirado
de abajo para arriba mi organismo.

Me gustará vivir siempre, así fuese de barriga,
porque, como iba diciendo y lo repito,
¡tánta vida y jamás! ¡Y tántos años,
y siempre, mucho siempre, siempre, siempre!

Confianza en el anteojo, no en el ojo

Confianza en el anteojo, no en el ojo;
en la escalera, nunca en el peldaño;
en el ala, no en el ave
y en ti sólo, en ti sólo, en ti sólo.

Confianza en la maldad, no en el malvado;
en el vaso, más nunca en el licor;
en el cadáver, no en el hombre
y en ti sólo, en ti sólo, en ti sólo.

Confianza en muchos, pero ya no en uno;
en el cauce, jamás en la corriente;
en los calzones, no en las piernas
y en ti sólo, en ti sólo, en ti sólo.

Confianza en la ventana, no en la puerta;
en la madre, más no en los nueve meses;
en el destino, no en el dado de oro,
y en ti sólo, en ti sólo, en ti sólo.

Los nueve monstruos

I, desgraciadamente,
el dolor crece en el mundo a cada rato,
crece a treinta minutos por segundo, paso a paso,
y la naturaleza del dolor, es el dolor dos veces
y la condición del martirio, carnívora voraz,
es el dolor dos veces
y la función de la yerba purísima, el dolor
dos veces
y el bien de ser, dolernos doblemente.

Jamás, hombres humanos,
hubo tánto dolor en el pecho, en la solapa, en la cartera,
en el vaso, en la carnicería, en la arimética!
Jamás tánto cariño doloroso,
jamás tan cerca arremetió lo lejos,
jamás el fuego nunca

jugó mejor su rol de frío muerto!
Jamás, señor ministro de salud, fue la salud
más mortal
y la migraña extrajo tánta frente de la frente!
Y el mueble tuvo en su cajón, dolor,
el corazón, en su cajón, dolor,
la lagartija, en su cajón, dolor.

Crece la desdicha, hermanos hombres,
más pronto que la máquina, a diez máquinas, y
crece
con la res de Rousseau, con nuestras barbas;
crece el mal por razones que ignoramos
y es una inundación con propios líquidos,
con propio barro y propia nube sólida!
Invierte el sufrimiento posiciones, da función
en que el humor acuoso es vertical
al pavimento,
el ojo es visto y esta oreja oída,
y esta oreja da nueve campanadas a la hora
del rayo, y nueve carcajadas
a la hora del trigo, y nueve sones hembras
a la hora del llanto, y nueve cánticos
a la hora del hambre y nueve truenos
y nueve látigos, menos un grito.

El dolor nos agarra, hermanos hombres,
por detrás de perfil,
y nos aloca en los cinemas,
nos clava en los gramófonos,
nos desclava en los lechos, cae perpendicularmente
a nuestros boletos, a nuestras cartas;
y es muy grave sufrir, puede uno orar

Pues de resultas
del dolor, hay algunos
que nacen, otros crecen, otros mueren,
y otros que nacen y no mueren, otros
que sin haber nacido, mueren, y otros
que no nacen ni mueren (son los más)
Y también de resultas
del sufrimiento, estoy triste
hasta la cabeza, y más triste hasta el tobillo,
de ver al pan, crucificado, al nabo,
ensangrentado,
llorando, a la cebolla,
al cereal, en general, harina,
a la sal, hecha polvo, al agua, huyendo,
al vino, un ecce-homo,
tan pálida a la nieve, al sol tan ardio!
¡Cómo, hermanos humanos,
no deciros que ya no puedo y

ya no puedo con tánto cajón,
tánto minuto, tánta
lagartija y tánta
inversión, tanto lejos y tánta sed de sed!
Señor Ministro de Salud; ¿qué hacer?
!Ah! desgraciadamente, hombres humanos,
hay, hermanos, muchísimo que hacer.

Me viene, hay días, una gana ubérrima, política...

Me viene, hay días, una gana ubérrima, política,
de querer, de besar al cariño en sus dos rostros,
y me viene de lejos un querer
demostrativo, otro querer amar, de grado o
  fuerza,
al que me odia, al que rasga su papel,
  al muchachito,
a la que llora por el que lloraba,
al rey del vino, al esclavo del agua,
al que ocultóse en su ira,
al que suda, al que pasa, al que sacude su persona
  en mi alma.
Y quiero, por lo tanto, acomodarle
al que me habla, su trenza; sus cabellos, al soldado;
su luz, al grande; su grandeza, al chico.
Quiero planchar directamente
un pañuelo al que no puede llorar

y, cuando estoy triste o me duele la dicha,
remendar a los niños y a los genios.

Quiero ayudar al bueno a ser su poquillo de malo
y me urge estar sentado
a la diestra del zurdo, y responder al mundo,
tratando de serle útil en
lo que puedo, y también quiero muchísimo
lavarle al cojo el pie,
y ayudarle a dormir al tuerto próximo.

¡Ah querer, éste, el mío, éste, el mundial,
interhumano y parroquial, proyecto!
Me viene a pelo
desde el cimiento, desde la ingle pública,
y, viniendo de lejos, da ganas de besarle
la bufanda al cantor,
y al que sufre, besarle en su sartén,
al sordo, en su rumor craneano, impávido;
al que me da lo que olvidé en mi seno,
en su Dante, en su Chaplin, en sus hombros.

Quiero, para terminar,
cuando estoy al borde célebre de la violencia
o lleno de pecho el corazón, querría
ayudar a reír al que sonríe,

ponerle un pajarillo al malvado en plena nuca,
cuidar a los enfermos enfadándolos,
comprarle al vendedor,
ayudar a matar al matador —cosa terrible—
y quisiera yo ser bueno conmigo
en todo.

Considerando en frío, imparcialmente...

Considerando en frío, imparcialmente,
que el hombre es triste, tose y, sin embargo,
se complace en su pecho colorado;
que lo único que hace es componerse
de días;
que es lóbrego mamífero y se peina...

Considerando
que el hombre procede suavemente del trabajo
y repercute jefe, suena subordinado;
que el diagrama del tiempo
es constante diorama en sus medallas
y, a medio abrir, sus ojos estudiaron,
desde lejanos tiempos,
su fórmula famélica de masa...

Comprendiendo sin esfuerzo
que el hombre se queda, a veces, pensando,
como queriendo llorar,
y, sujeto a tenderse como objeto,

se hace buen carpintero, suda, mata
y luego canta, almuerza, se abotona...

Considerando también
que el hombre es en verdad un animal
y, no obstante, al voltear, me da con su tristeza en la cabeza...

Examinando, en fin,
sus encontradas piezas, su retrete,
su desesperación, al terminar su día atroz, borrándolo...

Comprendiendo
que él sabe que le quiero,
que le odio con afecto y me es, en suma, indiferente...

Considerando sus documentos generales
y mirando con lentes aquel certificado
que prueba que nació muy pequeñito...

le hago una seña,
viene,
y le doy un abrazo, emocionado.
¡Qué mas da! Emocionado... Emocionado...

Piedra negra sobre una piedra blanca

Me moriré en París con aguacero,
un día del cual tengo ya el recuerdo.
Me moriré en París —y no me corro—
tal vez un jueves, como es hoy, de otoño.

Jueves será, porque hoy, jueves, que proso
estos versos, los húmeros me he puesto
a la mala y, jamás como hoy, me he vuelto,
con todo mi camino, a verme solo.

César Vallejo ha muerto, le pegaban
todos sin que él les haga nada;
le daban duro con un palo y duro

también con una soga; son testigos
los días jueves y los huesos húmeros,
la soledad, la lluvia y los caminos…

Poema para ser leído y cantado

Sé que hay una persona
que me busca en su mano, día y noche,
encontrándome, a cada minuto, en su calzado.
¿Ignora que la noche está enterrada
con espuelas detrás de la cocina?

Sé que hay una persona compuesta de mis partes,
a la que integro cuando va mi talle
cabalgando en su exacta piedrecilla.
¿Ignora que a su cofre
no volverá moneda que salió con su retrato?

Sé el día,
pero el sol se me ha escapado;
sé el acto universal que hizo en su cama
con ajeno valor y esa agua tibia, cuya
superficial frecuencia es una mina.
¿Tan pequeña es, acaso, esa persona,
que hasta sus propio pies así la pisan?

Un gato es el lindero entre ella y yo,
al lado mismo de su tasa de agua.
La veo en las esquinas, se abre y cierra
su veste, antes palmera interrogante…
¿Qué podrá hacer sino cambiar de llanto?

Pero me busca y busca. ¡Es una historia!

Intensidad y altura

Quiero escribir, pero me sale espuma,
quiero decir muchísimo y me atollo;
no hay cifra hablada que no sea suma,
no hay pirámide escrita, sin cogollo.

Quiero escribir, pero me siento puma;
quiero laurearme, pero me encebollo.
No hay toz hablada, que no llegue a bruma,
no hay dios ni hijo de dios, sin desarrollo.

Vámonos, pues, por eso, a comer yerba,
carne de llanto, fruta de gemido,
nuestra alma melancólica en conserva.

Vámonos! Vámonos! Estoy herido;
Vámonos a beber lo ya bebido,
vámonos, cuervo, a fecundar tu cuerva.

La rueda del hambriento

Por entre mis propios dientes salgo humeando,
dando voces, pujando,
bajándome los pantalones...
Vaca mi estómago, vaca mi yeyuno,
la miseria me saca por entre mis propios dientes,
cogido con un palito por el puño de la camisa.

Una piedra en qué sentarme
¿no habrá ahora para mí?
Aún aquella piedra en que tropieza la mujer que
 ha dado a luz,
la madre del cordero, la causa, la raíz,
¿ésa no habrá ahora para mí?
¡Siquiera aquella otra,
que ha pasado agachándose por mi alma!
Siquiera
la calcárida o la mala (humilde océano)
o la que ya no sirve ni para ser tirada contra el
hombre
¡ésa dádmela ahora para mí!

Siquiera la que hallaren atravesada y sola en un
insulto,
¡ésa dádmela ahora para mí!
Siquiera la torcida y coronada, en que resuena
solamente una vez el andar de las rectas
conciencias,
o, al menos, esa otra, que arrojada en digna
curva,
va a caer por sí misma,
en profesión de entraña verdadera,
¡ésa dádmela ahora para mí!

¿Un pedazo de pan, tampoco habrá para mí?
Ya no más he de ser lo que siempre he de ser,
pero dadme
una piedra en qué sentarme,
pero dadme,
por favor, un pedazo de pan en qué sentarme,
pero dadme
en español
algo, en fin, de beber, de comer, de vivir, de
reposarse
y después me iré…
Hallo una extraña forma, está muy rota
y sucia mi camisa
y ya no tengo nada, esto es horrendo.

Oye a tu masa, a tu cometa...

Oye a tu masa, a tu cometa, escúchalos; no gimas...
de memoria, gravísimo cetáceo;
oye a la túnica en que estás dormido,
oye a tu desnudez, dueña del sueño.

Relátate agarrándote
de la cola del fuego y a los cuernos
en que acaba la crin su atroz carrera;
rómpete, pero en círculos;
fórmate, pero en columnas combas;
descríbete atmosférico, ser de humo,
a paso redoblado de esqueleto.

¿La muerte? ¡Opónle todo su vestido!
¿La vida? ¡Opónle parte de tu muerte!
Bestia dichosa, piensa;
dios desgraciado, quítate la frente.
Luego, hablaremos.

¡Y si después de tántas palabras...

¡Y si después de tántas palabras,
no sobrevive la palabra!
¡Si después de las alas de los pájaros,
no sobrevive el pájaro parado!
¡Más valdría, en verdad,
que se lo coman todo y acabemos!

¡Haber nacido para vivir de nuestra muerte!
¡Levantarse del cielo hacia la tierra
por sus propios desastres
y espiar el momento de apagar con su sombra su tiniebla!
¡Más valdría, francamente,
que se lo coman todo y qué más da...!

¡Y si después de tanta historia, sucumbimos,
no ya de eternidad,

sino de esas cosas sencillas, como estar
en la casa o ponerse a cavilar!
¡Y si luego encontramos,
de buenas a primeras, que vivimos,
a juzgar por la altura de los astros,
por el peine y las manchas del pañuelo!
¡Más valdría, en verdad,
que se lo coman todo, desde luego!

Se dirá que tenemos
en uno de los ojos mucha pena
y también en el otro, mucha pena
y en los dos, cuando miran, mucha pena…
Entonces… ¡Claro!… Entonces… ¡ni palabra!

París, octubre 1936

De todo esto yo soy el único que parte.
De este banco me voy, de mis calzones,
de mi gran situación, de mis acciones,
de mi número hendido parte a parte,
de todo esto yo soy el único que parte.

De los Campos Elíseos o al dar vuelta
la extraña callejuela de la Luna,
mi defunción se va, parte mi cuna,
y, rodeada de gente, sola, suelta,
mi semejanza humana dase vuelta
y despacha sus sombras una a una.

Y me alejo de todo, porque todo
se queda para hacer la coartada:
mi zapato, su ojal, también su lodo
y hasta el doblez del codo
de mi propia camisa abotonada.

Traspié entre dos estrellas

¡Hay gentes tan desgraciadas, que ni siquiera
tienen cuerpo; cuantitativo el pelo,
baja, en pulgadas, la genial pesadumbre;
el modo, arriba;
no me busques, la muela del olvido,
parecen salir del aire, sumar suspiros mentalmente,
oír
claros azotes en sus paladares!

Vanse de su piel, rascándose el sarcófago en que
nacen
y suben por su muerte de hora en hora
y caen, a lo largo de su alfabeto gélido, hasta el
suelo.

¡Ay de tánto! ¡ay de tan poco! ¡ay de ellas!
¡Ay en mi cuarto, oyéndolas con lentes!
¡Ay en mi tórax, cuando compran trajes!

¡Ay de mi mugre blanca, en su hez mancomunada!

¡Amadas sean las orejas sánchez,
amadas las personas que se sientan,
amado el desconocido y su señora,
el prójimo con mangas, cuello y ojos!

¡Amado sea aquel que tiene chinches,
el que lleva zapato roto bajo la lluvia,
el que vela el cadáver de un pan con dos cerillas,
el que se coge un dedo en una puerta,
el que no tiene cumpleaños,
el que perdió su sombra en un incendio,
el animal, el que parece un loro,
el que parece un hombre, el pobre rico,
el puro miserable, el pobre pobre!

¡Amado sea
el que tiene hambre o sed, pero no tiene
hambre con qué saciar toda su sed,
ni sed con qué saciar todas sus hambres!

¡Amado sea el que trabaja al día, al mes, a la hora,
el que suda de pena o de vergüenza,
aquel que va, por orden de sus manos, al cinema,

el que paga con lo que le falta,
el que duerme de espaldas,
el que ya no recuerda su niñez; amado sea
el calvo sin sombrero,
el justo sin espinas,
el ladrón sin rosas,
el que lleva reloj y ha visto a Dios,
el que tiene un honor y no fallece!

¡Amado sea el niño, que cae y aún llora
y el hombre que ha caído y ya no llora!

¡Ay de tánto! ¡Ay de tan poco! ¡Ay de ellos!

Un hombre pasa con un pan al hombro...

Un hombre pasa con un pan al hombro
¿Voy a escribir, después, sobre mi doble?

Otro se sienta, ráscase, extrae un piojo de su axila, mátalo
¿Con qué valor hablar del psicoanálisis?

Otro ha entrado en mi pecho con un palo en la mano
¿Hablar luego de Sócrates al médico?

Un cojo pasa dando el brazo a un niño
¿Voy, después, a leer a André Bretón?

Otro tiembla de frío, tose, escupe sangre
¿Cabrá aludir jamás al Yo profundo?

Otro busca en el fango huesos, cáscaras
¿Cómo escribir, después del infinito?

Un albañil cae de un techo, muere y ya no
almuerza
¿Innovar, luego, el tropo, la metáfora?

Un comerciante roba un gramo en el peso a un
cliente
¿Hablar, después, de cuarta dimensión?

Un banquero falsea su balance
¿Con qué cara llorar en el teatro?

Un paria duerme con el pie a la espalda
¿Hablar, después, a nadie de Picasso?

Alguien va en un entierro sollozando
¿Cómo luego ingresar a la Academia?

Alguien limpia un fusil en su cocina
¿Con qué valor hablar del más allá?

Alguien pasa contando con sus dedos
¿Cómo hablar del no-yó sin dar un grito?

España, aparta de mí este cáliz

I

Himno a los voluntarios de la República

Voluntario de España, miliciano
de huesos fidedignos, cuando marcha a morir tu corazón,
cuando marcha a matar con su agonía
mundial, no sé verdaderamente
qué hacer, dónde ponerme; corro, escribo, aplaudo,
lloro, atisbo, destrozo, apagan, digo
a mi pecho que acabe, al que bien, que venga,
y quiero desgraciarme;
descúbrome la frente impersonal hasta tocar
el vaso de la sangre, me detengo,
detienen mi tamaño esas famosas caídas de arquitecto
con las que se honra el animal que me honra;
refluyen mis instintos a sus sogas,

humea ante mi tumba la alegría
y, otra vez, sin saber qué hacer, sin nada, déjame,
desde mi piedra en blanco, déjame,
solo,
cuadrumano, más acá, mucho más lejos,
al no caber entre mis manos tu largo rato extático,
quiebro con tu rapidez de doble filo
mi pequeñez en traje de grandeza!

Un día diurno, claro, atento, fértil
¡oh bienio, el de los lóbregos semestres
  suplicantes,
por el que iba la pólvora mordiéndose los codos!
¡oh dura pena y más duros pedernales!
!oh frenos los tascados por el pueblo!
Un día prendió el pueblo su fósforo cautivo, oró
  de cólera
y soberanamente pleno, circular,
cerró su natalicio con manos electivas;
arrastraban candado ya los déspotas
y en el candado, sus bacterias muertas…

¿Batallas? ¡No! Pasiones. Y pasiones precedidas
de dolores con rejas de esperanzas,
de dolores de pueblos con esperanzas de
  hombres!

¡Muerte y pasión de paz, las populares!
¡Muerte y pasión guerreras entre olivos,
entendámosnos!
Tal en tu aliento cambian de agujas atmosféricas
los vientos
y de llave las tumbas en tu pecho,
tu frontal elevándose a primera potencia de
martirio.

El mundo exclama: "¡Cosas de españoles!" Y es
verdad.
Consideremos,
durante una balanza, a quema ropa,
a Calderón, dormido sobre la cola de un anfibio
muerto
o a Cervantes, diciendo: "Mi reino es de este
mundo, pero
también del otro": ¡punta y filo en dos papeles!
Contemplemos a Goya, de hinojos y rezando ante
un espejo,
a Coll, el paladín en cuyo asalto cartesiano
tuvo un sudor de nube el paso llano
o a Quevedo, ese abuelo instantáneo de los
dinamiteros
o a Cajal, devorado por su pequeño infinito, o
todavía
a Teresa, mujer que muere porque no muere

o a Lina Odena, en pugna en más de un punto
con Teresa...
(Todo acto o voz genial viene del pueblo
y va hacia él, de frente o transmitidos
por incesantes briznas, por el humo rosado
de amargas contraseñas sin fortuna)

Así tu criatura, miliciano, así tu exangüe criatura,
agitada por una piedra inmóvil,
se sacrifica, apártase,
decae para arriba y por su llama incombustible
sube,
sube hasta los débiles,
distribuyendo españas a los toros,
toros a las palomas...

Proletario que mueres de universo,
¡en qué frenética armonía
acabará tu grandeza, tu miseria, tu vorágine
impelente,
tu violencia metódica, tu caos teórico y práctico,
tu gana
dantesca, españolísima, de amar, aunque sea a
traición,
a tu enemigo!
¡Liberador ceñido de grilletes,

sin cuyo esfuerzo hasta hoy continuaría sin asas
la extensión,
vagarían acéfalos los clavos,
antiguo, lento, colorado, el día,
nuestros amados cascos, insepultos!

¡Campesino caído con tu verde follaje por el
hombre,
con la inflexión social de tu meñique,
con tu buey que se queda, con tu física,
también con tu palabra atada a un palo
y tu cielo arrendado
y con la arcilla inserta en tu cansancio
y la que estaba en tu uña, caminando!
¡Constructores
agrícolas, civiles y guerreros,
de la activa, hormigueante eternidad: estaba escrito
que vosotros haríais la luz, entornando
con la muerte vuestros ojos;
que, a la caída cruel de vuestras bocas,
vendrá en siete bandejas la abundancia, todo
en el mundo será de oro súbito
y el oro,
fabulosos mendigos de vuestra propia secreción
de sangre,
y el oro mismo será entonces de oro!

¡Se amarán todos los hombres
y comerán tomados de las puntas de vuestros
pañuelos tristes
y beberán en nombre
de vuestras gargantas infaustas!
Descansarán andando al pie de esta carrera,
sollozarán pensando en vuestras órbitas, venturosos
serán y al son
de vuestro atroz retorno, florecido, innato,
ajustarán mañana sus quehaceres, sus figuras
soñadas y cantadas!

¡Unos mismos zapatos irán bien al que asciende
sin vías a su cuerpo
y al que baja hasta la forma de su alma!
¡Entrelazándose hablarán los mudos, los tullidos
andarán!
¡Verán, ya de regreso, los ciegos
y palpitando escucharán los sordos!
¡Sabrán los ignorantes, ignorarán los sabios!
¡Serán dados los besos que no pudisteis dar!
¡Sólo la muerte morirá! ¡La hormiga
traerá pedacitos de pan al elefante encadenado
a su brutal delicadeza; volverán
los niños abortados a nacer perfectos, espaciales
y trabajarán todos los hombres,

engendrarán todos los hombres,
comprenderán todos los hombres!

¡Obrero, salvador, redentor nuestro,
perdónanos, hermano, nuestras deudas!
Como dice un tambor al redoblar, en sus adagios:
qué jamás tan efímero, tu espalda!
qué siempre tan cambiante, tu perfil!

¡Voluntario italiano, entre cuyos animales de batalla
un león abisinio va cojeando!
¡Voluntario soviético, marchando a la cabeza de
tu pecho universal!
¡Voluntarios del sur, del norte, del oriente
y tú, el occidental, cerrando el canto fúnebre del alba!
¡Soldado conocido, cuyo nombre
desfila en el sonido de un abrazo!
¡Combatiente que la tierra criara, armándote
de polvo,
calzándote de imanes positivos,
vigentes tus creencias personales,
distinto de carácter, íntima tu férula,
el cutis inmediato,
andándote tu idioma por los hombros

y el alma coronada de guijarros!
¡Voluntario fajado de tu zona fría,
templada o tórrida,
héroes a la redonda,
víctima en columna de vencedores:
en España, en Madrid, están llamando
a matar, voluntarios de la vida!

¡Porque en España matan, otros matan
al niño, a su juguete que se para,
a la madre Rosenda esplendorosa,
al viejo Adán que hablaba en alta voz con su caballo
y al perro que dormía en la escalera.
Matan al libro, tiran a sus verbos auxiliares,
a su indefensa página primera!
Matan el caso exacto de la estatua,
al sabio, a su bastón, a su colega,
al barbero de al lado —me cortó posiblemente,
pero buen hombre y, luego, infortunado;
al mendigo que ayer cantaba enfrente,
a la enfermera que hoy pasó llorando,
al sacerdote a cuestas con la altura tenaz de sus rodillas...

¡Voluntarios,

por la vida, por los buenos, matad
a la muerte, matad a los malos!
¡Hacedlo por la libertad de todos,
del explotado, del explotador,
por la paz indolora —la sospecho
cuando duermo al pie de mi frente
y más cuando circulo dando voces—
y hacedlo, voy diciendo,
por el analfabeto a quien escribo,
por el genio descalzo y su cordero,
por los camaradas caídos,
sus cenizas abrazadas al cadáver de un camino!

Para que vosotros,
voluntarios de España y del mundo, vinierais,
soñé que era yo bueno, y era para ver
vuestra sangre, voluntarios…
De esto hace mucho pecho, muchas ansias,
muchos camellos en edad de orar.
Marcha hoy de vuestra parte el bien ardiendo,
os siguen con cariño los reptiles de pestaña
inmanente
y, a dos pasos, a uno,
la dirección del agua que corre a ver su límite
antes que arda.

III

Solía escribir con su dedo grande en el aire:
"¡Viban los compañeros! Pedro Rojas",
de Miranda de Ebro, padre y hombre,
padre y más hombre. Pedro y sus dos muertes.

Papel de viento, lo han matado: ¡pasa!
Pluma de carne, lo han matado: ¡pasa!
¡Abisa a todos compañeros pronto!

Palo en el que han colgado su madero,
lo han matado;
¡lo han matado al pie de su dedo grande!
¡Han matado, a la vez, a Pedro, a Rojas!

¡Viban los compañeros
a la cabecera de su aire escrito!
¡Viban con esta b del buitre en las entrañas
de Pedro
y de Rojas, del héroe y del mártir!

Registrándole, muerto, sorprendiéronle
en su cuerpo un gran cuerpo, para
el alma del mundo,
y en la chaqueta una cuchara muerta.

Pedro también solía comer
entre las criaturas de su carne, asear, pintar
la mesa y vivir dulcemente
en representación de todo el mundo.
Y esta cuchara anduvo en su chaqueta,
despierto o bien cuando dormía, siempre,
cuchara muerta viva, ella y sus símbolos.
¡Abisa a todos compañeros pronto!
¡Viban los compañeros al pie de esta cuchara para siempre!

Lo han matado, obligándole a morir
a Pedro, a Rojas, al obrero, al hombre,
a aquel que nació muy niñín, mirando al cielo,
y que luego creció, se puso rojo
y luchó con sus células, sus nos, sus todavías, sus hambres, sus pedazos.
Lo han matado suavemente
entre el cabello de su mujer, la Juana Vázquez,
a la hora del fuego, al año del balazo
y cuando andaba cerca ya de todo.

Pedro Rojas, así, después de muerto
se levantó, besó su catafalco ensangrentado.
lloró por España
y volvió a escribir con el dedo en el aire:
"¡Viban los compañeros! Pedro Rojas".

Su cadáver estaba lleno de mundo.

XII

Masa

Al fin de la batalla,
y muerto el combatiente, vino hacia él un hombre
y le dijo: "No mueras, te amo tanto!"
Pero el cadáver ¡ay! siguió muriendo.

Se le acercaron dos y repitiéronle:
"No nos dejes! ¡Valor! ¡Vuelve a la vida!"
Pero el cadáver ¡ay! siguió muriendo.

Acudieron a él veinte, cien, mil, quinientos mil,
clamando "Tanto amor y no poder nada contra la muerte!"
Pero el cadáver ¡ay! siguió muriendo.

Le rodearon millones de individuos,
con un ruego común: "¡Quédate hermano!"
Pero el cadáver ¡ay! siguió muriendo.

Entonces, todos lo hombres de la tierra
le rodearon; les vio el cadáver triste, emocionado;
incorporóse lentamente,
abrazó al primer hombre; echóse a andar…

XIV

¡Cuídate, España, de tu propia España!

¡Cuídate, España, de tu propia España!
¡Cuídate de la hoz sin el martillo,
cuídate del martillo sin la hoz!
¡Cuídate de la víctima apesar suyo,
del verdugo apesar suyo
y del indiferente apesar suyo!
¡Cuídate del que, antes de que cante el gallo,
negárate tres veces,
y del que te negó, después, tres veces!
¡Cuídate de las calaveras sin las tibias,
y de las tibias sin las calaberas!
¡Cuídate de los nuevos poderosos!
¡Cuídate del que come tus cadáveres,
del que devora muertos a tus vivos!
¡Cuídate del leal ciento por ciento!
¡Cuídate del cielo más acá del aire

y cuídate del aire más allá del cielo!
¡Cuídate de los que te aman!
¡Cuídate de tus héroes!
¡Cuídate de tus muertos!
¡Cuídate de la República!
¡Cuídate del futuro!...

XV

España, aparta de mí este cáliz

Niños del mundo,
si cae España —digo, es un decir—
si cae
del cielo abajo su antebrazo que asen,
en cabestro, dos láminas terrestres;
niños, ¡qué edad la de las sienes cóncavas!
¡qué temprano en el sol lo que os decía!
¡qué pronto en vuestro pecho el ruido anciano!
¡qué viejo vuestro 2 en el cuaderno!

¡Niños del mundo, está
la madre España con su vientre a cuestas;
está nuestra maestra con sus férulas,
está madre y maestra,
cruz y madera, porque os dio la altura,
vértigo y división y suma, niños;
está con ella, padres procesales!

Si cae —digo, es un decir— si cae
España, de la tierra para abajo,
niños, ¡cómo vais a cesar de crecer!
¡cómo va a castigar el año al mes!
¡cómo van a quedarse en diez los dientes,
en palote el diptongo, la medalla en llanto!
¡Cómo va el corderillo a continuar
atado por la pata al gran tintero!
¡Cómo vais a bajar las gradas del alfabeto
hasta la letra en que nació la pena!

Niños,
hijos de los guerreros, entretanto,
bajad la voz, que España está ahora mismo repartiendo
la energía entre el reino animal,
las florecillas, los cometas y los hombres.
¡Bajad la voz, que está
con su rigor, que es grande, sin saber
qué hacer, y está en su mano
la calavera hablando y habla y habla,
la calavera, aquella de la trenza,
la calavera, aquella de la vida!

¡Bajad la voz, os digo;
bajad la voz, el canto de las sílabas, el llanto

de la materia y el rumor menor de las pirámides,
  y aun
el de las sienes que andan con dos piedras!
¡Bajad el aliento, y si
el antebrazo baja,
si las férulas suenan, si es la noche,
si el cielo cabe en dos limbos terrestres,
si hay ruido en el sonido de las puertas,
si tardo,
si no veis a nadie, si os asustan
los lápices sin punta; si la madre
España cae —digo, es un decir—
salid, niños del mundo; id a buscarla!...

Poemas en prosa

El buen sentido

Hay, madre, un sitio en el mundo, que se llama París. Un sitio muy grande y lejano y otra vez grande.

Mi madre me ajusta el cuello del abrigo, no porque empieza a nevar, sino para que empiece a nevar.

La mujer de mi padre está enamorada de mí, viniendo y avanzando de espaldas a mi nacimiento y de pecho a mi muerte. Que soy dos veces suyo: por el adiós y por el regreso. La cierro, al retornar. Por eso me dieran tánto sus ojos, justa de mí, in fraganti de mí, aconteciéndose por obras terminadas, por pactos consumados.

Mi madre está confesa de mí, nombrada de mí. ¿Cómo no da otro tanto a mis otros hermanos? A Víctor, por ejemplo, el mayor, que es tan viejo ya, que las gentes dicen: ¡Parece hermano menor de su madre! ¡Fuere porque yo he viajado mucho! ¡Fuere porque yo he vivido más!

Mi madre acuerda carta de principio colorante a mis relatos de regreso. Ante mi vida de regreso, recordando que viajé durante dos corazones por su vientre, se ruboriza y se queda mortalmente lívida, cuando digo, en el tratado del alma: Aquella noche fui dichoso. Pero, más se pone triste; más se pusiera triste.

—Hijo, ¡cómo estás viejo!

Y desfila por el color amarillo a llorar, porque me halla envejecido, en la hoja de espada, en la desembocadura de mi rostro. Llora de mí, se entristece de mí. ¿Qué falta hará mi mocedad, si siempre seré su hijo? ¿Por qué las madres se duelen de hallar envejecidos a sus hijos, si jamás la edad de ellos alcanzará a la de ellas? ¿Y por qué, si los hijos, cuanto más se acaban, más se aproximan a los padres? ¡Mi madre llora porque estoy viejo de mi tiempo y porque nunca llegaré a envejecer del suyo!

Mi adiós partió de un punto de su ser, más externo que el punto de su ser al que retorno. Soy, a causa del excesivo plazo de mi vuelta, más el hombre ante mi madre que el hijo ante mi madre. Allí reside el candor que hoy nos alumbra con tres llamas. Le digo entonces hasta que me callo:

—Hay, madre, en el mundo un sitio que se llama París. Un sitio muy grande y muy lejano y otra vez grande.

La mujer de mi padre, al oírme, almuerza y sus ojos mortales descienden suavemente por mis brazos.

La violencia de las horas

Todos han muerto.

Murió doña Antonia, la ronca, que hacía pan barato en el burgo.

Murió el cura Santiago, a quien placía le saludasen los jóvenes y las mozas, respondiéndoles a todos, indistintamente: "Buenos días, José! Buenos días, María!"

Murió aquella joven rubia, Carlota, dejando un hijito de meses, que luego también murió a los ocho días de la madre.

Murió mi tía Albina, que solía cantar tiempos y modos de heredad, en tanto cosía en los corredores, para Isidora, la criada de oficio, la honrosísima mujer.

Murió un viejo tuerto, su nombre no recuerdo, pero dormía al sol de la mañana, sentado ante la puerta del hojalatero de la esquina.

Murió Rayo, el perro de mi altura, herido de un balazo de no se sabe quién.

Murió Lucas, mi cuñado en la paz de las cinturas, de quien me acuerdo cuando llueve y no hay nadie en mi experiencia.

Murió en mi revólver mi madre, en mi puño mi hermana y mi hermano en mi víscera sangrienta, los tres ligados por un género triste de tristeza, en el mes de agosto de años sucesivos.

Murió el músico Méndez, alto y muy borracho, que solfeaba en su clarinete tocatas melancólicas, a cuyo articulado se dormían las gallinas de mi barrio, mucho antes de que el sol se fuese.

Murió mi eternidad y estoy velándola.

Lánguidamente su licor

Tendríamos ya una edad misericordiosa, cuando mi padre ordenó nuestro ingreso a la escuela. Cura de amor, una tarde lluviosa de febrero, mamá servía en la cocina el yantar de oración. En el corredor de abajo, estaban sentados a la mesa mi padre y mis hermanos mayores. Y mi madre iba sentada al pie del mismo fuego del hogar. Tocaron a la puerta.

—Tocan a la puerta! —mi madre.

—Tocan a la puerta! —mi propia madre.

—Tocan a la puerta! —dijo toda mi madre, tocándose las entrañas a trastes infinitos, sobre toda la altura de quien viene.

—Anda, Nativa, la hija, a ver quien viene.

Y, sin esperar la venia maternal, fuera Miguel, el hijo, quien salió a ver quién venía así, oponiéndose a lo ancho de nosotros.

Un tiempo de rúa contuvo a mi familia. Mamá salió, avanzando inversamente y como si hubiera dicho: las partes. Se hizo patio afuera. Nativa lloraba de una tal visita, de un tal patio y de la mano de mi madre.

Entonces y cuando, dolor y paladar techaron nuestras frentes.

—Porque no le dejé que saliese a la puerta, —Nativa, la hija—, me ha echado Miguel al pavo. A su pavo.

¡Qué diestra de subprefecto, la diestra del padre, revelando, el hombre, las falanjas filiales del niño! Podía así otorgarle las venturas que el hombre deseara más tarde. Sin embargo:

—Y mañana, a la escuela, —disertó magistralmente el padre, ante el público semanal de sus hijos.

—Y tal, la ley, la causa de la ley. Y tal también la vida.

Mamá debió llorar, gimiendo a penas la madre. Ya nadie quiso comer. En los labios del padre cupo, para salir rompiéndose, una fina cuchara que conozco. En las fraternas bocas, la absorta amargura del hijo, quedó atravesada.

Mas, luego, de improviso, salió de un albañal de aguas llovedizas y de aquel mismo patio de la visita mala, una gallina, no ajena ni ponedora, sino brutal y negra. Cloqueaba en mi garganta. Fue una gallina vieja, maternalmente viuda de unos pollos que no llegaron a incubarse.

Origen olvidado de ese instante, la gallina era viuda de sus hijos. Fueron hallados vacíos todos los huevos. La clueca después tuvo el verbo.

Nadie la espantó. Y de espantarla, nadie dejó arrullarse por su gran calofrío maternal.

—¿Dónde están los hijos de la gallina vieja?

—¿Dónde están los pollos de la gallina vieja? ¡Pobrecitos! ¡Dónde estarían!

El momento más grave de la vida

Un hombre dijo:

—El momento más grave de mi vida estuvo en la batalla del Marne cuando fui herido en el pecho.

Otro hombre dijo:

—El momento más grave de mi vida, ocurrió en un maremoto de Yokohama, del cual salvé milagrosamente, refugiado bajo el alero de una tienda de lacas.

Y otro hombre dijo:

—El momento más grave de mi vida acontece cuando duermo de día.

Y otro dijo:

—El momento más grave de mi vida ha estado en mi mayor soledad.

Y otro dijo:

—El momento más grave de mi vida fue mi prisión en una cárcel del Perú.

Y otro dijo:

—El momento más grave de mi vida es el haber sorprendido de perfil a mi padre.

Y el ultimo hombre dijo:

—El momento más grave de mi vida no ha llegado todavía.

Las ventanas se han estremecido...

Las ventanas se han estremecido, elaborando una metafísica del universo. Vidrios han caído. Un enfermo lanza su queja: la mitad por su boca lenguada y sobrante, y toda entera, por el ano de su espalda.

Es el huracán. Un castaño del jardín de las Tullerías habráse abatido, al soplo del viento, que mide ochenta metros por segundo. Capiteles de los barrios antiguos, habrán caído, hendiendo, matando.

¿De qué punto interrogo, oyendo a ambas riberas de los océanos, de qué punto viene este huracán, tan digno de crédito, tan honrado de deuda derecho a las ventanas del hospital? Ay las direcciones inmutables, que oscilan entre el huracán y esta pena directa de toser o defecar! Ay! las direcciones inmutables, que así prenden muerte en las entrañas del hospital y despiertan células clandestinas a deshora, en los cadáveres.

¿Qué pensaría de si el enfermo de enfrente, ése que está durmiendo, si hubiera percibido el huracán? El pobre duerme, boca arriba, a la cabeza de su morfina, a los pies de toda su cordura. Un adarme más o menos en la dosis y le llevarán a enterrar, el vientre roto, la boca arriba, sordo el huracán, sordo a su vientre roto, ante el cual suelen los médicos dialogar y cavilar largamente, para, al fin, pronunciar sus llanas palabras de hombres.

La familia rodea al enfermo agrupándose ante sus sienes regresivas, indefensas, sudorosas. Ya no existe hogar sino en torno al velador del pariente enfermo, donde montan guardia impaciente, sus zapatos vacantes, sus cruces de repuesto, sus píldoras de opio. La familia rodea la mesita por espacio de un alto dividendo. Una mujer acomoda en el borde de la mesa, la taza, que casi se ha caído.

Ignoro lo que será del enfermo esta mujer, que le besa y no puede sanarle con el beso, le mira y no puede sanarle con los ojos, le habla y no puede sanarle con el verbo. ¿Es su madre? ¿Y cómo, pues, no puede sanarle? ¿Es su amada? ¿Y cómo, pues, no puede sanarle? ¿Es su hermana? Y ¿cómo, pues, no puede sanarle? ¿Es, simplemente, una mujer? ¿Y cómo pues, no puede sanarle? Porque esta mujer le ha besado, le ha mirado, le ha hablado y hasta le ha cubierto mejor el cuello al enfermo y ¡cosa verdaderamente asombrosa! no le ha sanado.

El paciente contempla su calzado vacante. Traen queso. Llevan sierra. La muerte se acuesta al pie del lecho, a dormir en sus tranquilas aguas y se duerme. Entonces, los libres pies del hombre enfermo, sin menudencias ni pormenores innecesarios, se estiran en acento circunflejo, y se alejan, en una extensión de dos cuerpos de novios, del corazón.

El cirujano ausculta a los enfermos horas enteras. Hasta donde sus manos cesan de trabajar y empiezan a jugar, las lleva a tientas, rozando la piel de los pacientes, en tanto sus párpados científicos vibran, tocados por la indocta, por la humana flaqueza del amor. Y he visto a esos enfermos morir precisamente del amor desdoblado del cirujano, de los largos diagnósticos, de las dosis exactas, del riguroso análisis de orinas y excrementos. Se rodeaba de improviso un lecho con un biombo. Médicos y enfermeros cruzaban delante del ausente, pizarra triste y próxima, que un niño llenara de números, en un gran monismo de pálidos miles. Cruzaban así, mirando a los otros, como si más irreparable fuese morir de apendicitis o neumonía, y no morir al sesgo del paso de los hombres.

Sirviendo a la causa de la religión, vuela con éxito esta mosca, a lo largo de la sala. A la hora de la visita de los cirujanos, sus zumbidos nos perdonan el pecho, ciertamente, pero desarrollándose luego, se adueñan del aire, para saludar con genio de mudanza, a los que van a morir. Unos enfermos oyen a esa mosca hasta durante el dolor y de ellos depende, por eso, el linaje del disparo, en las noches tremebundas.

¿Cuánto tiempo ha durado la anestesia, que llaman los hombres? ¡Ciencia de Dios, Teodicea! si se me echa a vivir en tales condiciones, anestesiado totalmente, volteada mi sensibilidad para adentro! ¡Ah doctores de las sales, hombres de las esencias, prójimos de las bases! Pido se me deje con mi tumor de conciencia, con mi irritada lepra sensitiva, ocurra lo que ocurra aunque me muera! Dejadme dolerme, si lo queréis, mas dejadme despierto de sueño, con todo el universo metido, aunque fuese a las malas, en mi temperatura polvorosa.

En el mundo de la salud perfecta, se reirá por esta perspectiva en que padezco; pero, en el mismo plano y cortando la baraja del juego, percute aquí otra risa de contrapunto.

En la casa del dolor, la queja asalta síncopes de gran compositor, golletes de carácter, que nos hacen cosquillas de verdad, atroces, arduas, y, cumpliendo lo prometido, nos hielan de espantosa incertidumbre.

En la casa del dolor, la queja arranca frontera excesiva. No se reconoce en esta queja de dolor, a la propia queja de la dicha en éxtasis, cuando el amor y la carne se eximen de azor y cuando, al regresar, hay discordia bastante para el diálogo.

¿Dónde está, pues, el otro flanco de esta queja de dolor, si, a estimarla en conjunto, parte ahora del lecho de un hombre?

De la casa del dolor parten quejas tan sordas e inefables y tan colmadas de tanta plenitud que llorar por ellas sería poco, y sería ya mucho sonreír.

Se atumulta la sangre en el termómetro.

¡No es grato morir, señor, si en la vida nada se deja y si en la muerte nada es posible, sino sobre lo que se deja en la vida! ¡No es grato morir, señor, si en la vida nada se deja y si en la muerte nada es posible, sino sobre lo que se deja en la vida! ¡No es grato morir, señor, si en la vida nada se deja y si en la muerte nada es posible, sino sobre lo que pudo dejarse en la vida!

Voy a hablar de la esperanza

Yo no sufro este dolor como César Vallejo. Yo no me duelo ahora como artista, como hombre ni como simple ser vivo siquiera. Yo no sufro este dolor como católico, como mahometano ni como ateo. Hoy sufro solamente. Si nö me llamase César Vallejo, también sufriría este mismo dolor. Si no fuese artista, también lo sufriría. Si no fuese hombre ni ser vivo siquiera, también lo sufriría. Si no fuese católico, ateo ni mahometano, también lo sufriría. Hoy sufro desde más abajo. Hoy sufro solamente.

Me duelo ahora sin explicaciones. Mi dolor es tan hondo, que no tuvo ya causa ni carece de causa. ¿Qué sería su causa? ¿Dónde está aquello tan importante, que dejase de ser su causa? Nada es su causa; nada ha podido dejar de ser su causa. ¿A qué ha nacido este dolor, por sí mismo?

Mi dolor es del viento del norte y del viento del sur, como esos huevos neutros que algunas aves raras ponen del viento. Si hubiera muerto mi novia, mi dolor sería igual. Si la vida fuese, en fin, de otro modo, mi dolor sería igual. Hoy sufro desde más arriba. Hoy sufro solamente.

Miro el dolor del hambriento y veo que su hambre anda tan lejos de mi sufrimiento, que de quedarme ayuno hasta morir, saldría siempre de mi tumba una brizna de yerba al menos. Lo mismo el enamorado. ¡Qué sangre la suya más engendrada, para la mía sin fuente ni consumo!

Yo creía hasta ahora que todas las cosas del universo eran, inevitablemente, padres o hijos. Pero he aquí que mi dolor de hoy no es padre ni es hijo. Le falta espalda para anochecer, tanto como le sobra pecho para amanecer y si lo pusiesen en la estancia oscura, no daría luz y si lo pusiesen en una estancia luminosa, no echaría sombra. Hoy sufro suceda lo que suceda. Hoy sufro solamente.

Hallazgo de la vida

¡Señores! Hoy es la primera vez que me doy cuenta de la presencia de la vida. ¡Señores! Ruego a ustedes dejarme libre un momento, para saborear esta emoción formidable, espontánea y reciente de la vida, que hoy, por la primera vez, me extasía y me hace dichoso hasta las lágrimas.

Mi gozo viene de lo inédito de mi emoción. Mi exultación viene de que antes no sentí la presencia de la vida. No la he sentido nunca. Miente quien diga que la he sentido. Miente y su mentira me hiere a tal punto que me haría desgraciado. Mi gozo viene de mi fe en este hallazgo personal de la vida, y nadie puede ir contra esta fe. Al que fuera, se le caería la lengua, se le caerían los huesos y correría el peligro de recoger otros, ajenos, para mantenerse de pie ante mis ojos.

Nunca, sino ahora, ha habido vida. Nunca, sino ahora, han pasado gentes. Nunca, sino ahora, ha habido casas y avenidas, aire y horizonte. Si viniese ahora mi amigo Peyriet, les diría que yo no le conozco y que debemos empezar de nuevo. ¿Cuándo, en efecto, le he conocido a mi amigo Peyriet? Hoy sería la primera vez que nos conocemos. Le diría que se vaya y regrese y entre a verme, como si no me conociera, es decir, por la primera vez.

Ahora yo no conozco a nadie ni nada. Me advierto en un país extraño, en el que todo cobra relieve de nacimiento, luz de epifanía inmarcesible. No, señor. No hable usted a ese caballero. Usted no lo conoce y le sorprendería tan inopinada parla. No ponga usted el pie sobre esa piedrecilla: quién sabe no es piedra y vaya usted a dar en el vacío. Sea usted precavido, puesto que estamos en un mundo absolutamente inconocido.

¡Cuán poco tiempo he vivido! Mi nacimiento es tan reciente, que no hay unidad de medida para contar mi edad. ¡Si acabo de nacer! ¡Si aún no he vivido todavía! Señores: soy tan pequeñito, que el día apenas cabe en mí!

Nunca, sino ahora, oí el estruendo de los carros, que cargan piedras para una gran construcción del boulevard Haussmann. Nunca, sino ahora avancé paralelamente a la primavera, diciéndola: "Si la muerte hubiera sido otra...". Nunca, sino ahora, vi la luz áurea del sol sobre las cúpulas de Sacre-Coeur. Nunca, sino ahora, se me acercó un niño y me miró hondamente con su boca. Nunca, sino ahora, supe que existía una puerta, otra puerta y el canto cordial de las distancias.

¡Dejadme! La vida me ha dado ahora en toda mi muerte.

Nómina de huesos

Se pedía a grandes voces:

—Que muestre las dos manos a la vez.

Y esto no fue posible.

—Que, mientras llora, le tomen la medida de sus pasos.

Y esto no fue posible.

—Que piense un pensamiento idéntico, en el tiempo en que un cero permanece inútil.

Y esto no fue posible.

—Que haga una locura.

Y esto no fue posible.

—Que entre él y otro hombre semejante a él, se interponga una muchedumbre de hombres como él.

Y esto no fue posible.

—Que le comparen consigo mismo.

Y esto no fue posible.

—Que le llamen, en fin, por su nombre.

Y esto no fue posible.

Una mujer...

Una mujer de senos apacibles, ante los que la lengua de la vaca resucita una glándula violenta. Un hombre de templanza, mandibular de genio, apto para marchar de dos a dos con los goznes de los cofres. Un niño está al lado del hombre, llevando por el revés, el derecho animal de la pareja.

¡Oh la palabra del hombre, libre de adjetivos y de adverbios que la mujer decline en su único caso de mujer, aun entre las mil voces de la Capilla Sixtina! ¡Oh la falda de ella, en el punto maternal donde pone el pequeño las manos y juega a los pliegues, haciendo a veces agrandar las pupilas de la madre, como en las sanciones de los confesionarios!

Yo tengo mucho gusto de ver así al Padre, al Hijo y al Espiritusanto, con todos los emblemas e insignias de sus cargos.

No vive ya nadie...

—No vive ya nadie en la casa —me dices—; todos se han ido. La sala, el dormitorio, el patio, yacen despoblados. Nadie ya queda, pues que todos han partido.

Y yo te digo: Cuando alguien se va, alguien queda. El punto por donde pasó un hombre, ya no está solo. Únicamente está solo, de soledad humana, el lugar por donde ningún hombre ha pasado. Las casas nuevas están más muertas que las viejas, por que sus muros son de piedra o de acero, pero no de hombres. Una casa viene al mundo, no cuando la acaban de edificar, sino cuando empiezan a habitarla. Una casa vive únicamente de hombres, como una tumba. De aquí esa irresistible semejanza que hay entre una casa y una tumba. Sólo que la casa se nutre de la vida del hombre, mientras que la tumba se nutre de la muerte del hombre. Por eso la primera está de pie, mientras que la segunda está tendida.

Todos han partido de la casa, en realidad, pero todos se han quedado en verdad. Y no es el recuerdo de ellos lo que queda, sino ellos mismos. Y no es tampoco que ellos queden en la casa, sino que continúan por la casa. Las funciones y los actos se van de la casa en tren o en avión o a caballo, a pie o arrastrándose. Lo que continúa en la casa es el órgano, el agente en gerundio y en circulo. Los pasos se han ido, los besos, los perdones, los crímenes. Lo que continúa en la casa es el pie, los labios, los ojos, el corazón. Las negaciones y las afirmaciones, el bien y el mal, se han dispersado. Lo que continua en la casa, es el sujeto del acto.

Existe un mutilado...

Existe un mutilado, no de un combate sino de un abrazo, no de la guerra sino de la paz. Perdió el rostro en el amor y no en el odio. Lo perdió en el curso normal de la vida y no en un accidente. Lo perdió en el orden de la naturaleza y no en el desorden de los hombres. El coronel Piccot, Presidente de "Les Gueules Cassées", lleva la boca comida por la pólvora de 1914. Este mutilado que conozco, lleva el rostro comido por el aire inmortal e inmemorial.

Rostro muerto sobre el tronco vivo. Rostro yerto y pegado con clavo a la cabeza viva. Este rostro resulta ser el dorso del cráneo, el cráneo del cráneo. Vi una vez un árbol darme la espalda y vi otra vez un camino que me daba la espalda. Un árbol de espaldas sólo crece en los lugares donde nunca nació ni murió nadie. Un camino de espaldas sólo avanza por los lugares donde ha habido todas las muertes y ningún nacimiento. El mutilado de la paz y del amor, del abrazo y del orden y que lleva el rostro muerto sobre el tronco vivo, nació a la sombra de un árbol de espaldas y su existencia transcurre a lo largo de un camino de espaldas.

Como el rostro está yerto y difunto, toda la vida psíquica, toda la expresión animal de este hombre, se refugia, para traducirse al exterior, en el peludo cráneo, en el tórax y en las extremidades. Los impulsos de su ser profundo, al salir, retroceden del rostro y la respiración, el olfato, la vista el oído, la palabra, el resplandor humano de su ser, funcionan y se expresan por el pecho, por los hombros, por el cabello, por las costillas, por los brazos y las piernas y los pies.

Mutilado del rostro, tapado del rostro, cerrado del rostro, este hombre no obstante, está entero y nada le hace falta. No tiene ojos y ve y llora. No tiene narices y huele y respira. No tiene oídos y escucha. No tiene boca y habla y sonríe. No tiene frente y piensa y se sume en sí mismo. No tiene mentón y quiere y subsiste. Jesús conocía al mutilado de la función, que tenía ojos y no veía y tenía orejas y no oía. Yo conozco al mutilado del órgano, que ve sin ojos y oye sin orejas.

Algo te identifica...

Algo te identifica con el que se aleja de ti, y es la facultad común de volver: de ahí tu más grande pesadumbre.

Algo te separa del que se queda contigo, y es la esclavitud común de partir: de ahí tus más nimios regocijos.

Me dirijo, en esta forma, a las individualidades colectivas, tanto como a las colectividades individuales y a los que, entre unas y otras, yacen marchando al son de las fronteras o, simplemente, marcan el paso inmóvil en el borde del mundo.

Algo típicamente neutro, de inexorablemente neutro, interpónese entre el ladrón y su víctima. Esto, así mismo, puede discernirse tratándose del cirujano y del paciente. Horrible medialuna, convexa y solar, cobija a unos y otros. Porque el objeto hurtado tiene también su peso indiferente, y el órgano intervenido, también su grasa triste.

¿Qué hay de más desesperante en la tierra, que la imposibilidad en que se halla el hombre feliz de ser infortunado y el hombre bueno, de ser malvado ?

¡Alejarse! ¡Quedarse! ¡Volver! ¡Partir! Toda la mecánica social cabe en estas palabras.

Cesa el anhelo...

Cesa el anhelo, rabo al aire. De súbito, la vida amputa, en seco. Mi propia sangre me salpica en líneas femeninas, y hasta la misma urbe sale a ver esto que se para de improviso.

—Qué ocurre aquí, en este hijo del hombre? —clama la urbe, y en una sala del Louvre, un niño llora de terror a la vista del retrato de otro niño.

—Qué ocurre aquí, en este hijo de mujer? —clama la urbe, y a una estatua del siglo de los Ludovico, le nace una brizna de yerba en plena palma de la mano.

Cesa el anhelo, a la altura de la mano enarbolada. Y yo me escondo detrás de mí mismo, a aguaitarme si paso por lo bajo o merodeo en alto.

¡Cuatro conciencias...

¡Cuatro conciencias
simultáneas enrédanse en la mía!
¡Si vierais cómo ese movimiento
apenas cabe ahora en mi conciencia!
¡Es aplastante! Dentro de una bóveda
pueden muy bien
adosarse, ya internas o ya externas,
segundas bóvedas, mas nunca cuartas;
mejor dicho, sí,

mas siempre y, a lo sumo, cual segundas.
No puedo concebirlo; es aplastante.
Vosotros mismos a quienes inicio en la noción
de estas cuatro conciencias simultáneas,
enredadas en una sola, apenas os tenéis
de pie ante mi cuadrúpedo intensivo.
¡Y yo que le entrevisto (Estoy seguro)!

Entre el dolor y el placer...

Entre el dolor y el placer median tres criaturas,
de las cuales la una mira a un muro,
la segunda usa de ánimo triste
y la tercera avanza de puntillas;
pero, entre tú y yo,
sólo existen segundas criaturas.
Apoyándose en mi frente,
el día conviene en que, de veras,
hay mucho de exacto en el espacio;
pero, si la dicha, que, al fin, tiene un tamaño,
principia ¡ay! por mi boca,
¿quién me preguntará por mi palabra?

Al sentido instantáneo de la eternidad
corresponde

este encuentro investido de hilo negro,
pero a tu despedida temporal,
tan sólo corresponde lo inmutable,
tu criatura, el alma, mi palabra.

En el momento en que el tenista...

En el momento en que el tenista lanza
magistralmente
su bala, le posee una inocencia totalmente animal;
en el momento
en que el filósofo sorprende una nueva verdad
es una bestia completa.
Anatole France afirmaba
que el sentimiento religioso
es la función de un órgano especial del cuerpo
humano
hasta ahora ignorado y se podría
decir también, entonces
que, en el momento exacto en que un tal órgano
funciona plenamente,
tan puro de malicia está el creyente,
que se diría casi un vegetal.
Oh alma! ¡Oh pensamiento! ¡Oh Marx!
¡Oh Feuerbach!

Me estoy riendo

Un guijarro, uno solo, el más bajo de todos,
Controla
a todo el médano aciago y faraónico.

El aire adquiere tensión de recuerdo y de anhelo,
y bajo el sol se calla
hasta exigir el cuello a las pirámides.

Sed. Hidratada melancolía de la tribu errabunda,
Gota
a
Gota
del siglo al minuto.
Son tres Treses paralelos,
barbados de barba inmemorial,
en marcha   3   3   3

Es el tiempo este anuncio de gran zapatería,
es el tiempo, que marcha descalzo
de la muerte   hacia   la muerte.

He aquí que hoy saludo...

He aquí que hoy saludo, me pongo el cuello y
vivo,
superficial de pasos insondables de plantas.
Tal me recibo de hombre, tal más bien me despido
y de cada hora mía retoña una distanciA.

¿Queréis más? Encantado.
Políticamente, mi palabra
emite cargos contra mi labio inferior
y económicamente, cuando doy la palabra a
Oriente,
distingo en dignidad de muerte a mis visitas.

Desde ttttales códigos regulares saludo
al soldado desconocido
al verso perseguido por la tinta fatal
y al saurio que Equidista diariamente
de su vida y de su muerte, como quien no hace la
cosa.

El tiempo tiene hun miedo ciempiés a los relojes.

(Los lectores pueden poner el título que quieran a
este poema)

Lomo de las sagradas escrituras

Sin haberlo advertido jamás exceso por turismo
y sin agencias
de pecho en pecho hacia la madre unánime.

Hasta París ahora vengo a ser hijo. Escucha
Hombre, en verdad te dijo que eres el Hijo Eterno,
pues para ser hermano tus brazos son escasamente iguales
y tu malicia para ser padre, es mucha.

La talla de mi madre moviéndome por índole de movimiento
y poniéndome serio, me llega exactamente al corazón:
pesando cuanto cayera de vuelo con mis tristes abuelos
mi madre me oye en diámetro callándose en altura.

Mi metro está midiendo ya dos metros,
mis huesos concuerdan en género y en número
y el verbo encarnado habita entre nosotros
y el verbo encarnado habita, al hundirme en el baño,
un alto grado de perfección.

Contenido

Los heraldos negros

TÍTULOS DE ESTA COLECCIÓN

Ábreme tu Corazón. *José Ma. Casillas / Moisés Casillas*

Azul. *Rubén Darío*

Campos de Castilla y Soledades. Antología.
Antonio Machado

Canto a Mí Mismo. *Walt Whitman*

El Cementerio Marino. Antología. *Paul Valéry*

El Rayo que no Cesa y Otros Poemas.
Miguel Hernández

Las Flores del Mal. Antología. *Charles Baudelaire*

Los Heraldos Negros. Antología. *César Vallejo*

Poesías Completas de San Juan de la Cruz.

Prosas Profanas y Otros Poemas. *Rubén Darío*

Romancero Gitano / Poeta en Nueva York.
Federico García Lorca

Sonetos. *William Shakespeare*

20 Poemas de Amor y una Canción Desesperada.
Pablo Neruda

Impreso en los talleres de:
Trabajos Manuales Escolares, S.A. de C.V.
Oriente 142 No. 216 Col. Moctezuma 2da. sección
Tels. 5784.18.11 y 5784.11.44
México, D.F.